80000
70000
60000
50000

24%

채권투자 트렌드를 반영한 채권투자 지침서!

채권투자의 비밀 2

박성규 · 손진흥 · 양철욱 · 조경신

㈜지구문화
JIGU CULTURE Co.Ltd

머리말

2016년 필자들은 '저금리 시대, 당신이 꼭 알아야 할 채권투자의 비밀'이란 책을 공동 집필하였다. 당시 채권시장은 저금리 기조 중 조금이라도 높은 채권을 매수하고자 하였던 시장이었다.

8년 여가 지난 2024년 현재 코로나19 사태를 극복하기 위한 전 세계적인 통화공급의 후폭풍으로 인플레이션 시대를 겪고 있다. 인플레이션이 발생하면 중앙은행은 물가를 잡기 위해 금리를 올려야 하는데 미국에서 시작한 금리인상은 우리나라를 포함하여 전 세계적으로 이루어지고 있다. 기준금리가 인상되면 시차를 두면서 단기금리부터 상승한다. 코로나19 발생 시 0.50%였던 우리나라 기준금리가 현재 3.50%까지 인상되면서 은행예금금리를 포함해서 국채, 회사채 등 모든 금리가 상승하였다. 2016년 당시에는 다시 올거라고 예상 못하였던 고금리 시대가 온 것이다.

시장에 유동성이 풀리면서 코로나19 충격으로 급락한 주가가 급등하는 시기에, 주식을 처음 투자하는 '주린이'들이 많이 나타났다. 2023년부터 시작된 금리 상승 시기에 현재는 채권에 처음 투자하는 '채린이'들이 나타나면서 채권시장이 예전에 비해 대중화되고 있다.

필자들이 8년전에 '채권투자의 비밀'을 통해서 채권을 어려워하는 개인 투자자들을 위하여 채권을 최대한 쉽게 설명하며 채권투자를 권유하였는데, 지금은 '채린이'들이 나타나면서 개인들이 스스로 채권을 공부하고 투자하며 채권시장이 활성화가 된 것이다.

채권투자에 대한 개인들의 관심이 많아지자 채권 관련 책을 저술한 필자들에게 주변 지인들의 연락이 많아졌다. 예전에 책을 출판했을 때와 지금 시장이 많이 바뀌었으니 새롭게 개정판을 내어 달라는 연락들이었다. 필자들도 금리변동 시대를 맞아 개정의 필요성을 느끼고 개정 작업을 하다가 아예 책을 새롭게 구성하기로 하였다.

채권투자의 본질은 바뀌지 않았으나 개인들의 관심이 커졌기에 예전의 '채권투자의 비밀'의 기본적인 내용을 보완하면서 실제로 채권투자를 바로 할 수 있도록 책의 내용을 구성하였다. 기본편, 실전편, 심화편, 도전편으로 편성하여 기본편과 실전편으로 충분히 채권투자를 할 수 있도록 하였고, 추가로 심화편과 도전편을 읽으면 채권시장 변화에 대해서도 조금 더 자세히 알 수 있도록 저술하였다.

아무쪼록 이 책이 '채권투자의 비밀'에 이어 개인들의 채권 투자에 조금이나마 도움이 되기를 바란다.

갑진년 새 봄에

필자 대표

차례

Contents

5 채권의 종류

6 채권 투자 종목 선정

제Ⅱ부 실전편

1 채권투자 실전 상세 안내

2 채권투자 현금 흐름

3 채권투자전략

차례

제Ⅲ부 심화편

Contents

제Ⅳ부 도 전 편

제 I 부 기 본 편

기본편

1. 채권투자에 대한 환기

1. 채권투자에 높아지는 관심(feat. 뉴스 & 유튜버)

글로벌 인플레이션 이슈가 불거지기 시작한 2022년 이후 세계 각국의 중앙은행들은 인플레이션을 잡기 위해 기준금리를 올리고 있다. 이 과정에서 주식시장과 부동산시장은 단기급락을 하거나 가격 및 기간 조정을 받고 있다.

이러한 위험자산들과 다르게 투자자의 관심과 자금이 몰리는 금융자산이 있다. 바로 '채권'이다. 높아지는 채권시장에 대한 관심은 최근 신문기사 제목들에서도 바로 확인할 수 있다.

Check Point

금리 인상 정점 도달?…개미, 반년간 채권 19.4조 원 담아 (뉴스핌 2023-07-06)
"부자는 채권투자로 절세한다"…개인 채권투자 40조 원 돌파 (조세일보 2023-07-04)
반년 새 18조 사들인 채권 개미, 더 사도 되나요 (이코노미스트 2023-06-27)
개미가 쭉 빠진 채권…금융투자업계 '새 먹거리' (녹색경제신문 2023-06-14)
한국투자증권, 올해 소매채권 판매 13조…채권투자 열기 지속(머니투데이 2023-05-19)
KB증권…리테일 채권 판매액 7조 원 돌파 (이투데이 2023-05-15)
대신증권, 올해 채권 판매액 3조 원 돌파 (매일경제 2023-04-27)

비단 신문기사 뿐만이 아니라, 대표적인 SNS인 유튜브의 재테크 관련된 채널들에서도 앞다투어 채권에 대해서 다루고 있다.

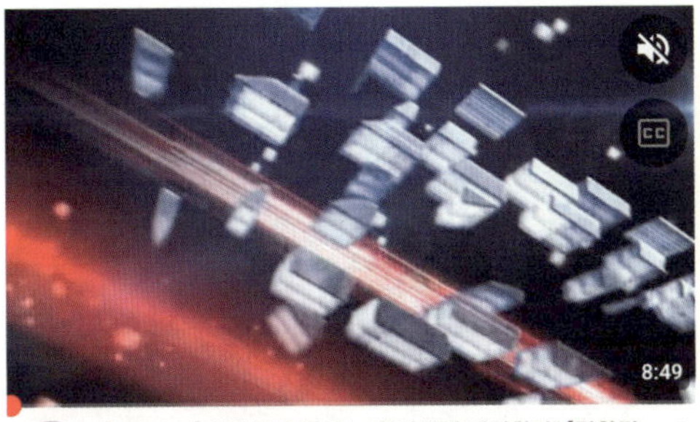

[뉴스속보] 채권투자 '폭증'..."회사채에 베팅한다" [정완진 TV]
멋진아재TV · 325 views · 2 days ago

올해 개인이 가장 많이 산 채권 TOP3 feat. 채권형 ETF 입문하기(최창규 삼성자산운용 본부장) | 연합뉴스경제...
연합뉴스경제TV · 19K views · 1 month ago

20조 사모은 채권개미..."하반기 절호의 기회" [상반기결산]/한국경제TV뉴스
한국경제TV뉴스 · 9.1K views · 8 days ago

예금보다 훨씬 좋은 국채, 그 이유 알려드립니다.
마경환의 생각하는 투자 · 55K views · 3 weeks ago

[ET] 장기 채권 사러 가는 개미들...'금리 하락'에 배팅해도 괜찮은 걸까? / KBS 2023.05.15.
KBS News · 31K views · 1 month ago

고금리에 인기인 채권 투자! 직접 사는 방법 알려드려요 🙌 | 채권투자의 A to Z | 채권 EP.01 | 신화!머니?
매경 자이앤트TV · 73K views · 5 months ago

초등학생도 이해할 수 있는 채권 강의![투자, 어디까지 해봤니? ep.01]
삼프로TV_경제의신과함께 · 280K views · 1 month ago

1시간 안에 채권으로 돈 버는 법 알려드림 [투자, 어디까지 해봤니? [ep.02]
삼프로TV_경제의신과함께 · 103K views · 4 weeks ago

그렇다면, 기사와 유튜브에서 보여지는 큰 관심처럼 실제로 개인투자자들이 채권투자를 예전보다 많이 하고 있는 걸까? 금융투자협회에서 집계하고 있는 채권투자 통계를 보면, 개인투자자들의 채권투자 증가는 단순히 '높아지는 관심' 정도가 아니라, '열풍, 광풍'이라 표현해도 될 정도이다.

2020년 상반기 한국의 개인투자자들이 매수한 채권의 총순매수 금액은 1.8조 원이었는데, 3년이 지난 2023년 상반기에만 개인투자자들의 채권 순매수금액은 19.2조 원이었다. 즉, 3년 반만에 예전보다 10배가 넘는 투자금액이 몰려든 것이다.

반기별 개인 투자자의 채권투자 순매수액 추이 (단위: 조 원)

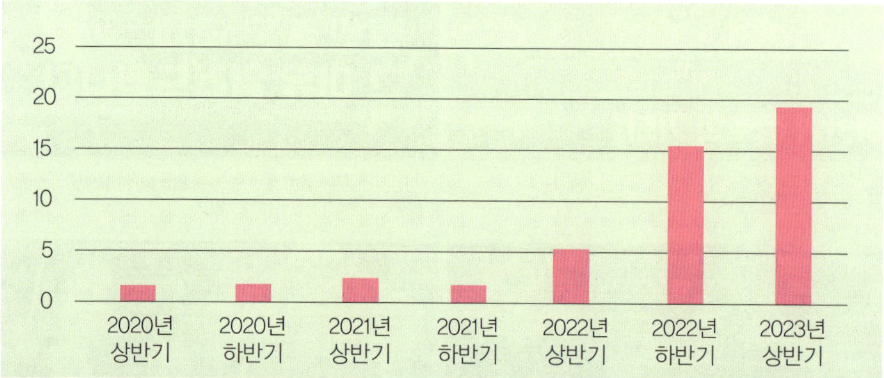

	2020년 상반기	2020년 하반기	2021년 상반기	2021년 하반기	2022년 상반기	2022년 하반기	2023년 상반기
개인 순매수	1.8	1.9	2.7	1.9	5.1	15.6	19.2

〈출처: 금융투자협회〉

2. 왜 채권투자 열풍이 불고 있는 걸까?

채권투자 열풍의 가장 큰 이유는 먼저 '금리 상승'에 있다. 전 세계를 혼란에 빠뜨렸던 '코로나 팬데믹'은 투자자들에게 사상 최저 수준으로의 금리인하라는 '역사적인 사건'을 경험하게 해주기도 했다. 하지만, 작용이 있으면 언제나 반작용이 있는 법이다. 초저금리의 부작용과 '코로나 앤데믹'으로 인한 보복소비 현상에 힘입어 '글로벌 인플레이션'이라는 파고를 맞이하게 되었으며, 이에 따라서 전 세계 중앙은행들은 일제히 과감한 금리인상으로 이에 맞서게 되었다.

이 과정에서 한국은행의 기준금리도 10년 만에 다시 3%를 돌파하였다. 0.5%였던 기준금리가 3.5%가 되면서, 같은 돈을 넣었을 때 기대할 수 있는 이자소득은 7배 이상 늘어나게 되었다. 고정된 이자를 지급하는 채권에 대한 관심이 높아질 수 밖에 없는 환경이 조성된 것이다.

여기에 기름을 부은 것은 바로 '개미'라고 불리는 개인투자자들의 '스마트화'라고 볼 수 있다. '개미투자자'들은 긴 투자의 역사에서 언제나 구심점 없이 산발적으로 개인플레이를 해왔었다. 그러다보니 상승장의 끝에서는 투기 열풍을 이끌었고, 하락장의 끝에서는 앞다투어 투매하며 항상 손해를 보는 주체였다.

하지만 모바일 혁명 이후, '유튜브와 인스타그램'과 같은 SNS가 활성화되면서 이를 통해서 투자전문가들이 생성한 많은 콘텐츠들을 손쉽게 접할 수 있게 되었다. 따라서, 개미투자자들의 투자에 대한 기본 지식이 혁신적으로 향상되었다.

이들의 별명은 더이상 개미군단이 아니라 '스마트 개미'가 되었고, 코로나 팬데믹으로 폭락했던 주식시장에 과감하게 들어와서 달콤한 수익을 경험했던 스마트 개미들은 2023년 하반기부터 금리상승이 멈추고 시중금리가 내려오는 지금 시점에서 다시금 금리인하를 예상하고 채권투자 비중을 높이고 있다.

2. 채권에 투자해야 하는 이유

자산의 종류를 아주 단순하게 나눈다면, 위험자산과 안전자산으로 나눌 수 있다. 위험자산은 주식, 가상화폐, 원자재 등 높은 변동성을 가진 자산이다. 안전자산은 기본적으로 원금을 보전할 수 있는 자산으로, 그 예로 예금과 채권이 있다. 좀 더 명확하게는 우량은행의 예금과 우량 기업의 채권 또는 국채를 안전자산으로 볼 수 있다.

지난 수년간 세상은 유례없는 저금리의 영향으로 위험자산의 전성시대를 경험하였다. 앞으로 어느 정도의 기간 동안 위험자산들이 높은 상승률을 지속할 수 있을지는 누구도 알 수 없다. 하지만 단언할 수 있는 것은, 모든 상승에는 끝이 있다는 것이다. 지금의 호시절도 언젠가는 냉혹한 시기를 맞이하게 된다.

독자 중에 어떤 이는 위험자산의 강세장에 잘 올라타서 큰 부를 축적한 이들도 있을 테고, 반대로 보수적인 투자를 고집하다가 '벼락거지'가 되어 속이 쓰린 이들도 분명히 있을 것이다. 하지만 다시 한번 말하지만, 영원한 것은 없다. 역사 속의 어떤 자산도 거침없고 끊임없이 상승한 것은 없었다. 짧은 시기에 축적된 부를 자신의 실력으로 맹신하고 같은 투자를 고집한다면 시장의 역습에 녁다운 될지도 모른다.

반면에, 이제 와서 보수적인 투자를 후회하며 이미 고평가된 위험자산 투자에 겁없이 뛰어든다면, 벼락거지가 아닌 그냥 거지가 될지도 모른다. 현명한 투자자가 되고자 한다면 지금 공부해야 할 것은 남들이 큰 돈을 벌었다는 가상화폐, 주식, 부동산이 아니다. 지금 공부하고 고민해야 할 것은 바로 '어떻게 지킬 것인가' 또는 '어떻게 다음 기회를 기다릴 것인가'이다. 채권이라는 안전자산을 알고 투자해야 하는 이유가 여기에 있다.

1. 고정된 현금 흐름(이자수익)

채권은 발행 시에 정해진 만기까지의 기간 동안 약속된 주기와 금리(표면금리)로 이자를 지급한다. 이러한 이자 지급은 하루라도 지체되게 되면, 채권발행인이 '부도' 상황에 놓이게 되어 모든 금융거래가 동결되는 엄격한 상황에 처해지기 때문에 대부분 안심하고 이자 지급을 기대할 수 있다.

다만, 발행자의 재무상황 등에 따라서 위험성이 존재할 수 있어, 채권신용평가기관에서 채권의 신용등급을 발행 시마다, 그리고 주기적으로 평가하여 투자자들에게 공유하고 있다.

채권은 종류에 따라서 매 1개월, 3개월, 6개월 등의 미리 정해진 기간 단위로 이자를 지급한다. 가격, 만기, 표면금리가 동일한 채권이라면, 이자를 먼저 받게 되는 채권에 돈을 넣는 것이 실질적으로는 더 현명한 자산관리라고 볼 수 있다. 먼저 받은 이자를 다시 채권에 투자하여 추가적인 이자를 더 얻는 복리효과를 누리거나 주어진 현금으로 주식 등 위험자산에 투자하는 기회를 잡을 수 있기 때문이다.

2. 낮은 변동성(안정성)

반복하여 말하지만 채권이란, 발행자가 이자 지급과 만기 원금상환을 약속한 증권이다. 이 증권은 발행이 된 이후에 증권으로서 금융시장(유통시장)에서 거래될 수 있다. 금융시장에서 거래되는 증권이므로 회사의 주주로서의 권리인 주식과 유사하다고 볼 수 있지만, 가장 큰 차이점인 '만기'가 존재하기 때문에 만기로 갈수록 채권의 가격은 발생원금에 가깝게 수렴하게 된다. 따라서 대외 환경이 아무리 급격하게 변화하더라도 원금을 상환하는 주체(발행자)의 신용등급에 문제가 없다면, 상당히 낮은 변동성을 보이게 된다.

이러한 이유로 채권은 안정성이 높은 자산이라고 부른다. 다만, 만기까지 남아있는 날들 (잔여만기)이 길면 길수록, 시장금리나 발행자의 신용등급 등 여러가지 변수들에 노출되기 때문에 채권가격의 변동성은 높아진다. 따라서 일부 투자자들은 오히려 만기가 많이 남은 채권에 투자하여 이러한 변동성을 수익을 내기 위한 수단으로 사용하기도 한다.

하지만, 아무리 잔여만기가 긴 채권이라고 하더라도 동일한 발행자가 발행한 주식보다는 안정성이 높다. 왜냐하면 주식에는 만기가 없기 때문이며 주식투자자는 회사의 주인으로서 회사가 잘못될 경우 다른 주주들과 함께 최종적인 책임을 모두 짊어져야 하기 때문이다.

3. 추가수익 가능성(자본차익)

앞서 잠시 언급한 변동성을 이용하는 투자자들은 어떻게 채권으로 이자 외의 수익을 추구하는 것일까? 이는 채권이 금융시장에서 시장의 수요와 공급에 따라서 가격이 결정되는 성격을 가진 증권이자 금융자산이기 때문이다. 보유기간 중에 이자가 발생하고 만기에 원금을 돌려주는 채권의 성격을 알고 있는 금융시장 참여자들이 채권증서에 미리 약속되어 지급될 이자와 만기 때 상환될 현금의 가치를 감안하여 채권의 적정 거래가격을 계산해내어 거래하게 되는 것이다.

예를 들어, 10,000원에 발행되어 2년 동안 매년 5%의 이자를 주고 2년 후에 원금 10,000원을 돌려주는 채권이 있다면, 발행 후 1년이 지난 시점, 즉 만기까지 1년이 남아있는 시점에서 이 채권의 금융시장내의 적정 거래가격은 10,000원보다 비쌀 수도 있고, 10,000원보다 쌀 수도 있다는 것이다. 채권의 거래가격에 가장 큰 영향을 미치는 것은 잔여만기, 시장금리, 신용등급이다. 채권의 가격과 금리의 관계는 뒤에 '채권 수익률–금리와 가격과의 관계'에서 깊게 다뤄질 예정이니 여기서는 가볍게 감을 잡는 수준으로만 설명하려고 한다.

(1) 금리가 내려가면, 채권가격이 올라간다?

'금리가 내려가면, 채권가격이 올라간다. 그래서 채권에 투자한 사람들은 돈을 번다.' 이 이야기를 들은 대부분의 사람들은 고개를 갸웃한다. 금리가 올라가면, 이자가 더 커지는건데 이게 무슨 뚱딴지 같은 소리일까? 하지만, 이것을 이해하는 것이 채권 공부의 핵심이자 시작이다. 그러므로 이런 분은 아래 예시를 함께 보면서 반드시 이해하고 넘어가도록 하자.

아래와 같은 조건으로 발행된 채권이 있다고 가정해 보자.

'한국전자 채권'의 발행 조건 : 만기 2년, 표면금리 5%, 신용등급 A

Case 1

'한국전자 채권'이 발행된지 1년이 지났다. 동일한 신용등급, 잔여만기를 가진 채권의 금리가 1년 전 5%에서 3%로 내려왔을 때, '한국전자 채권'의 적정 시장 가격은 어떻게 될까?

2년 전 직장인 김채권 씨는 '한국전자 채권 2년물'을 발행 당시에 투자하였다. 그런데 만기보유하고자 했던 당초 계획과는 달리 1년이 지난 지금 급하게 돈이 필요하여 장외채권시장에서 매도를 하고자 한다. 투자했던 원금인 10,000원에 팔고자 했더니, 여기저기서 본인이 사겠다는 투자자들이 몰리고 있다. 당연한 결과이다. 1년이 지난 지금 '한국전자 채권'과 동일한 조건의 새 채권의 금리가 3%까지 내려왔다.

김채권 씨가 가지고 있는 잔여만기 1년의 '한국전자 채권'을 10,000원에 사면 5%의 이자를 받을 수 있으니, 많은 사람들이 사고자 하는 것이다. 김채권 씨는 매도 가격을 10,100원으로 올려보았다. 아직도 많은 사람들이 사겠다고 한다. 10,200원으로 올린다면 어떨까? 이제 매수자들이 계산기를 두드리기 시작한다.

그렇다. 10,000원에 샀던 '5% 이자를 주는 한국전자 채권'이 시장금리가 3%로 떨어진 지금은 더 비싼 가격에도 사겠다는 사람들이 생겨난 것이다. 즉, 금리가 떨어지자 채권가격이 올랐다. 세금 등의 복잡한 것들을 고려하지 않았을 때, 한국전자 채권의 적정가격은 단순하게 아래와 같이 계산해 볼 수 있다.

시장금리 하락시 한국전자채권의 적정 시장 가격

구분	발행일 (T+0)	1년차 (T+1)
잔여만기	2년	1년
만기이자	500 + 500 = 1,000원	500원
만기상환액	10,000원	10,000원
시장금리	5%	3%
채권가격*	10,000원	(500+10,000)/(1+3%)=10,194.17원

*세금 등을 고려하지 않았다고 가정했을 시

김채권 씨는 채권시장에서 적정 가격인 10,197.17원에 잘 매도를 하면서, 이자수익 500원에 채권가격상승분(자본차익) 194.17원까지 총 694.17원의 수익을 보았다. 5%를 보고 투자를 했는데 이보다 큰 6.94%의 수익을 실현한 것이다.

금리하락이 기대되는 경제환경이라면 이렇게 중장기 채권에 투자해서 추가적인 수익까지 기대할 수 있다는 것이 채권투자의 큰 매력이라고 할 수 있다.

(2) 금리가 올라가서, 채권가격이 떨어지면?

물론 위의 이야기와는 반대로 금리가 올라가면, 채권가격이 떨어질 수 있다.

Case 2

'한국전자 채권'이 발행된지 1년이 지났다. 동일한 신용등급, 잔여만기를 가진 채권의 금리가 1년 전 5%에서 7%로 올라갔을 때, '한국전자 채권'의 적정 시장 가격은 어떻게 될까?

시장 금리가 올라가면 반대의 상황이 연출된다. 시장금리가 7%가 되었다면, 1년 전 발행되어 5% 이자를 주는 '한국전자 채권'을 10,000원을 주고 사겠다는 사람은 사라지게 될 것이다. 계산기를 두드려보던 투자자들은 결국 시장금리만큼의 수익을 얻을 수 있는 가격 이하에서만 해당 채권을 매수하고자 할 것이다.

시장금리 상승 시 한국전자채권의 적정 시장 가격

구분	발행일 (T+0)	1년차 (T+1)
잔여만기	2년	1년
만기이자	500 + 500 = 1,000원	500원
만기상환액	10,000원	10,000원
시장금리	5%	7%
채권가격*	10,000원	(500+10,000)/(1+7%)= 9,813.08원

*세금 등을 고려하지 않았다고 가정했을 시

세금 등을 고려하지 않았다고 가정했을 때, 위의 표처럼 9,813.08원이 만기가 1년 남은 '한국전자채권'의 적정 거래가격이 된다. 하지만, 김채권 씨가 10,000원보다 아래서 판다고 해서 상심할 것이 없다. 김채권 씨는 지난 1년 동안 이미 500원의 이자를 얻었다. 즉, 김채권 씨는 원금을 잃지 않았고, 예상보다 조금 덜한 수익을 얻었을 뿐이다.

이렇게 금리상승으로 발생할 수 있는 가격의 하락(자본차손)을 완화시켜주는 이자의 존재가 채권투자의 안정성을 높여주는 가장 큰 매력이라고 할 수 있다.

또한 중도에 평가 손실이 발생하더라도 만기까지 보유하면서 발행자가 부도나지 않는 한 이자와 원금을 다 받을 수 있다는 것도 채권이 가지는 큰 매력이다.

채권 증서

발행인 : 한국전자
권면 : 10,000원
표면금리 : 5%(연 1회 지급)
발행일 : 2023. 1. 5
만기일 : 2025. 1. 4

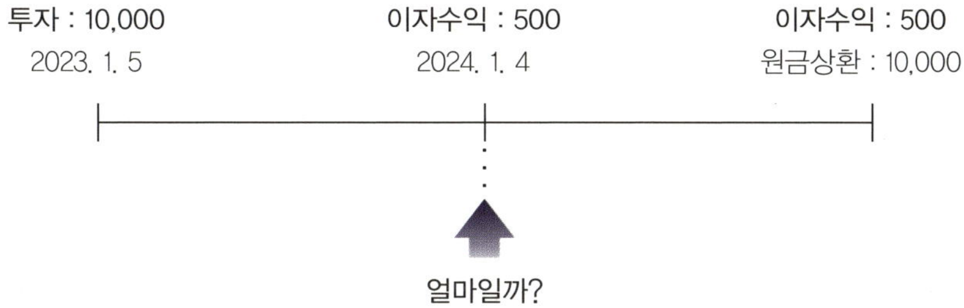

[Case 1.] 시장금리 하락으로 잔존 1년 만기 신규 채권이 연 3% 수익률로 평가됨.

[Case 2.] 시장금리 하락으로 잔존 1년 만기 신규 채권이 연 7% 수익률로 평가됨.

3. 채권의 정의와 기초 지식

1. 간접금융과 직접금융

채권은 정말 돈이 많은 사람들이나 사는 것이 아니냐고 묻는 사람들이 있다. 결론부터 말하면 "아니다! 누구나 국채와 지방채, 우량 공기업 채권, 회사채들을 쉽게 살 수 있다". 채권을 너무 접근하기 어려운 투자대상으로 생각할 필요가 없다. 사실 우리 주변에는 다양한 채권이 존재한다. 예컨대 일상생활에서 가장 쉽게 매수할 수 있는 금융상품인 "정기예금" 또한 일종의 채권이다. 채권은 증권의 형태로 발행되었고 정기예금은 그렇지 않지만 기본적인 구성은 크게 다르지 않다. 아래 그림처럼, 정기예금은 예금주가 은행에 돈을 빌려주는 구조이다.

은행은 예금주들에게 받은 돈을 모아서 대출자들에게 다시 이 돈을 빌려준다. 예금주는 대출자가 누군지 몰라도 상관없다. 어차피 정기예금의 원리금을 보장해주는 것은 대출자가 아니라 은행이기 때문이다. 은행은 예금주와 대출자 사이에서 자금을 중개해 줌으로써 양 쪽의 금리차이(예대마진)를 수익으로 가져간다. 은행이 이렇게 간접적으로 돈을 융통시키는 행위를 **"간접금융"**이라고 한다. 반면 채권은 예금주와 대출자 사이에 은행이라는 장막이 거둬진 것이라고 생각하면 이해가 쉽다.

정기예금의 예금주는 채권시장에서는 채권자이고, 채권자는 직접 또는 증권사 PB의 도움을 받아서 자신이 돈을 빌려줄 대상(대출자 = 채권시장에서 채무자)을 고를 수 있다. 즉, 정기예금 구조 내에서는 발생 가능한 대출자의 부도위험을 은행이 대신 보

장해 주고 있다면, 채권시장에서는 채권자가 채무자의 부도위험을 직접 감수함으로써 보다 높은 이자를 받을 수 있게 되는 것이다. 이것이 "직접금융"이다.

2. 다른 금융상품과 비교

자산의 종류를 아주 단순하게 나눈다면, 위험자산과 안전자산으로 나눌 수 있다. 위험자산은 주식, 가상화폐, 원자재 등 원금이 보장되지 않는 높은 변동성을 가진 자산이다. 안전자산은 기본적으로 우량한 발행주체가 원금을 보장하는 자산을 이야기한다. 안전자산의 대표적인 예로는 예금과 채권이 있다. 좀 더 명확하게는 우량은행의 예금과 우량 기업의 채권 또는 국채가 안전자산으로 볼 수 있다.

앞서 언급한 것처럼 정기예금과 채권의 기본 구조는 유사하다. 정해진 기간 동안에 돈을 빌려주고, 만기가 도래하면 원금과 이자를 받는 것이다. 하지만 구조가 매우 단순한 정기예금에 비해서 채권은 몇 가지 추가적인 조건들이 있다. 이것은 채권의 장점이기도 하다. 그럼 대표적인 안전자산인 예금과 채권은 서로 어떻게 다를까?

(1) 은행예금과 채권의 비교

채권과 가장 유사한 형태의 금융상품을 꼽자면 바로 모두에게 친숙한 은행예금을 들 수가 있다. 두 상품의 가장 큰 공통점은 '만기'와 '이자'의 존재이다. 예금과 같이 채권도 만기가 존재하며 주기적으로 이자를 지급한다.

정기예금과 채권의 차이

구분	정기예금	채권
만기	고정(은행이 제시)	고정(채권시장에서 다양한 만기를 선택 가능)
이자 지급	만기 일시지급	정해진 주기로 지급 (1/3/6개월, 만기 일시지급 등)
중도 매도	가능 : 원금과 소액의 이자만 지급	가능 : 금액은 수익 또는 손실 사이에서 변동
원금 보장	은행 (명의 당 5,000만 원까지 예금자 보호)	발행자(정부, 기업 등)(예금자 보호 없음, 국채는 정부가 전액 보장)

두 상품의 차이는 다양하지만, 아주 간단하게 앞의 표와 같이 비교해 볼 수 있다. 이 표에서 가장 중요한 두 가지 차이점은 중도 매도와 원금보장의 주체이다. 둘 다 만기까지 보유하면 약속한 원금과 이자를 지급해 주는 것은 같다. 차이점은 정기예금을 중도에 찾고자 한다면, 이자가 거의 없는 상태에서 원금만 돌려주지만, 채권은 중도에 찾을 때 시장의 채권가격에 따라서 다른 금액을 돌려받는다는 것이다.

채권가격이 만기 이전에 시장금리와 채권의 신용도에 영향을 받아서 지속적으로 변동한다. 이에 따라서 투자원금과 이자보다 낮은 금액을 받기도 하고, 오히려 더 많은 금액을 돌려받기도 한다. 채권이 투자자 입장에서 본인이 감내 가능한 기간의 만기를 가진 채권에 투자하면서 먼저 만기보유 시의 원금과 이자를 확정지어 놓고, 만기 이전에 중도 매도가 유리해지는 시점에서 채권을 매도함으로써 추가적인 이익을 기대할 수 있는 '투자처'가 될 수 있다는 뜻이다.

중간에 채권가격이 변동된다는 것에 문득 '위험자산' 아닌가? 라는 오해가 있을 수도 있으나, 가격의 변동폭은 일반적인 위험자산 대비 현저하게 낮다. 신용도가 높은 채권의 경우, 보유기간 중에 채권가격이 크게 하락한다고 하더라도 만기에 가까울수록 채권가격이 원금에 수렴하면서 안정적으로 원금과 이자를 돌려받게 된다. 또 하나의 차이점은 원금보장의 주체이다.

예금은 은행에서 원리금을 보장해주기 때문에 은행의 신용도에 따라서 금리가 다를 수 있다. 하지만 채권의 경우 정부나 기업 등의 발행자가 원금을 보장한다. 따라서 발행자가 기업이고, 신용도가 낮을 경우에 높은 부도위험을 수반하여 큰 이자의 지급을 약속해 주게 된다.

추가적으로 보통 이자를 만기에 일시에 지급하는 예금과 달리, 채권의 경우 매 1개월 또는 3, 6개월 단위의 미리 정해진 기간 단위로 지급한다. 동일한 만기의 채권과 정기예금을 비교할 때, 예금금리로 환산한 채권의 수익률과 정기예금의 금리가 동일하다면 이자를 먼저 받게 되는 채권에 돈을 넣는 것이 실질적으로는 더 현명한 자산관리라고 볼 수 있다. 채권에 투자한다면, 먼저 받은 이자를 다시 채권에 투자하여 추가적인 이자를 더 얻거나 주어진 현금으로 또 다른 투자 기회를 잡을 수 있기 때문이다.

(2) 주식과 채권

채권은 주로 증권사에 개설된 계좌를 통해 투자가 가능하기 때문에 주식과의 차이점을 명확하게 알고 있는 것도 중요하다. 간단하게 말하자면, 주식에 투자하는 투자자는 회사의 주인 중 한 명이 되어 본인의 지분율 만큼 회사의 수익, 손실, 미래에 대한 의사결정에 대해 공동책임을 진다. 그에 따라 투자자의 손실과 이익이 결정된다.

반면에 채권에 투자하는 투자자는 회사에 돈을 빌려주는 채권자 중에 한 명이 되어, 본인이 빌려준 금액에 대해서 회사(채무자)가 처음에 합의했던 만큼의 이자를 만기까지 받고, 마지막에는 내가 빌려준 원금을 다시 돌려받게 된다. 따라서 만약 동일한 우량 회사가 발행한 주식과 채권이라면, 아래와 같은 차이점을 보인다.

주식과 채권의 차이

구분	주식	채권
투자자 지위	주주 : 회사의 주인으로써의 지위 (의사결정에 참여 가능)	채권자 : 회사에 자본을 빌려준 채권자로써의 지위 (의사결정 참여 불가능)
만기	없음	발행 시 정해짐
이자 지급	없음(기업실적에 따라 배당 지급)	발행 시 정해진 이자를 지급
현금화	주식시장에서 매도하여 현금화	채권시장에서 매도하거나, 만기보유를 통해 현금화
원금 보장	없음	발행자가 원리금 상환 보장
기대 수익	기업실적 및 성장기대감에 따라 높은 기대수익 추구	만기보유 시 확정된 이자수익 시장금리에 따라서 중도매도 시 수익 변화
손실 위험	높음	낮음

일반적으로 안정적인 수익을 꾸준하게 창출하는 회사의 경우, 주식투자보다 채권투자가 위험 대비 수익률은 높을 수 있다. 반면에 현재의 수익성은 낮아도 미래의 성장성이 높은 회사라면, 채권투자보다는 주식투자가 위험대비 높은 수익률을 기대할 수 있다.

주식과 채권 중에 어떤 곳에 투자할지를 고민할 때, 우선적으로 본인의 투자자금의 성격과 위험에 대한 성향을 고려해야 한다. 용도가 정해져 있는 자금에 대해서는 주식투자는 피하는 것이 옳고, 본인이 일시적인 손실도 견딜 수 없는 위험회피적인 성향이라면 역시 주식투자는 피하는 것이 좋다. 이럴 때의 대안이 채권이 될 수 있다.

3. 채권투자와 세금(기본)

소득이 있는 곳에는 항상 '세금'이 있다. 채권투자에서 발생하는 소득 역시 세금부과의 대상이 된다. 하지만 채권투자에서 발생하는 모든 소득에 대해서 세금이 발생하는 것은 아니다.

채권을 투자하게 되면, 두 가지 소득이 발생하게 된다. 하나는 이자소득이고, 다른 하나는 자본차익이다. 이자소득은 채권의 권면에 표시된 표면금리에 따라서 약속된 이자가 지급되는 것이다. 자본차익이란 채권을 유통시장에서 매매할 때 발생하는 매수가격과 매도가격의 차이, 즉 채권의 매매차익을 의미한다.

이 두 가지 소득 중 이자소득만 과세의 대상이 되고 자본차익은 비과세이다. 이자소득에 대해서는 기본적으로 이자소득세 14%에 지방소득세 1.4%를 더해 15.4%를 원천징수한다. 원천징수란 이자를 대신 수령해서 주는 주체인 금융회사 측에서 투자자를 대신해서 이자에서 세금을 제해준다는 뜻이다. 즉, 투자자가 이자를 지급받는 시점에서는 이미 세금을 제하고 세후 이자를 받게 된다는 뜻이다.

안타까운 것은 이자소득에 대한 세금이 이자소득세 원천징수로 끝나는 것이 아니라는 점이다. 이자 및 배당소득의 합산액이 연간 2,000만 원이 넘는 금융부자의 경우 2,000만 원까지만 15.4%의 원천징수를 받고, 이를 초과하는 소득은 본인의 종합소득에 합산되어 추가적으로 세금을 내게 될 수 있다. 이를 금융소득종합과세라고 한다. 이와 관련해서는 심화편에서 심도깊게 다루도록 하겠다.

채권투자 수익에 대한 과세

채권투자수익	과세 여부
이자수익(소득)	15.4% 원천징수. 연간 이자 및 배당소득이 2,000만 원 초과시 초과분에 대해서 종합소득에 합산되어 종합소득세율로 과세
자본차익	비과세

이자소득에만 과세하고, 자본차익에는 과세하지 않는 채권수익의 세금적 특성을 잘 활용하여 금융회사의 PB들은 고객들에게 채권투자를 통해 세금을 아껴서 실제로는 예금보다 높은 수익률을 안겨주고 있다. 세후수익률 또는 은행예금환산수익률을 높여주는 것인데 이는 4장에서 다뤄질 것이다.

마지막으로 아직 시행되고 있지는 않지만, 25년에 시행될 것으로 예고된 금융투자세에 따르면 채권의 자본차익도 과세 대상에 포함될 예정이다. 정책이라는 것이 정부의 성격에 따라서 변할 수 있다는 점에서 아직 결론지을 수는 없지만 금융투자세라는 것이 시행된다면 채권투자의 매력 중 하나가 줄어들 것이다. 만약 그런 일이 벌어진다면 참으로 안타까운 일이다.

4. 채권 수익률과 듀레이션

1. 채권수익률

우리가 채권에 관심을 두는 가장 큰 이유는 아마 채권이 은행이자보다 높은 수익률을 제공한다고 기대하기 때문일 것이다. 그런데 이 수익률이라는 것을 제대로 이해하는 것이 채권을 이해하는 데 매우 중요하다. 수익률은 다른 말로 금리라고도 표현하는데 채권에는 적어도 다섯 가지 이상의 다양한 금리 개념이 존재한다.

(1) 현재가치 vs 미래가치

금리(수익률)의 기본적인 개념을 이해하기 위해서는 먼저 현재가치와 미래가치와의 차이를 이해해야 한다. 채권투자란 쉽게 말해 돈이 필요한 사람에게 돈을 빌려주었다가 미래의 정해진 일자에 이자를 더하여 되돌려 받는 약속이다. 여기서 이자를 받는 이유는 여러 가지가 있겠으나, 가장 큰 이유는 현재 내가 빌려주는 돈의 가치가 미래에 되돌려 받을 돈의 가치보다 크다고 보기 때문이다. 그만큼의 가치 차이에 대해 돈을 빌려 쓰는 사람이 빌려주는 사람에게 보상을 해준다고 생각하면 된다.

예컨대, 누군가 우리에게 1,000만 원을 지금 받는 것과 1년 후에 받는 것을 선택하라면 우리는 당연히 지금 받겠다고 답할 것이다. 당장 돈을 받아서 1년 동안 은행예금에 넣어둔다면 1년 후 가치는 1,000만 원 이상이기 때문이다. 즉, 현재 받을 돈 1,000만 원의 미래가치는 1,000만 원에 은행이자가 더해져야 하기 때문에, 1,000만 원보다 높다. 반대로 미래에 받을 돈 1,000만 원의 현재가치는, 즉시 1,000만 원을 받는 것보다 낮다고 볼 수 있다. 그러나 만약 누군가 우리에게 1,000만 원을 지금 받거나 1년 후에 1,100만 원을 받으라고 한다면, 그에 대한 답은 각기 다를 수 있다. 우리들 중 누군가는 돈이 매우 급해서 당장 1,000만 원을 받고 싶을 수도 있고, 누군가는 여유가 많아서 1년 후에 1,100만 원을 받겠다고 답할 수도 있기 때문이다.

이처럼 돈을 받는 입장에서는 각 사람마다 1년 후에 받을 돈의 가치를 다르게 평가할 수 있기 때문에 여기에서는 일단 "일반적인 투자자"의 관점에서 받아들여지는 현재가치와 미래가치 수준을 두고 이야기를 이어나가도록 하겠다.

예를 들어 우리에게 돈을 주겠다는 곳이 은행 뿐이고, 우리가 당장 1,000만 원을 받아 1년 동안 예치할 곳도 그 은행 뿐이라고 한다면, 결국 당장 받는 현재가치(PV: Present Value) 1,000만 원의 미래가치(FV: Future Value)는 그 은행의 1년 예금금리로서 결정된다. 위의 예시와 같이, 미래에 1,100만 원을 받을 수 있다면, 예금금리는 10%일 것이다. 이는 다음과 같이 수식화 할 수 있다.

$$1{,}000\text{만 원} \times (1 + 10\%) = 1{,}100\text{만 원}$$

현재가치 vs 미래가치

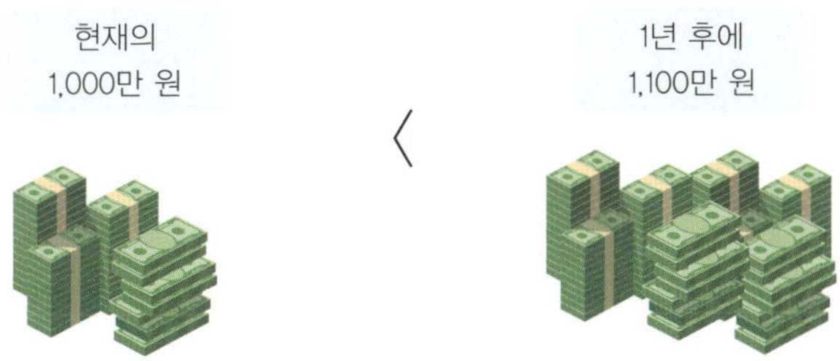

*예금금리 10%일 때

즉, 현재가치(PV)와 수익률(r), 미래가치(FV)의 관계를 공식화하면 다음과 같다.

$$\text{현재가치(PV)} \times [1 + \text{수익률(r)}] = \text{미래가치(FV)}$$
$$PV \times (1 + r) = FV$$

(2) 수익률(금리)의 종류

표면금리(Coupon Rate)

앞서 채권은 '정기적으로 정해진 이자를 지급하는 증권'이라고 배웠다. 여기서 '정해진 이자'를 결정하는 것이 바로 채권의 '표면금리'이다. 채권의 권면에 기재된 이율로서, 1년 기준으로 채권 발행자가 채권 소유자에게 지급하는 이자를 액면으로 나눈 값을 표면금리라고 한다. 이를 다른 말로 하면 표면금리는 채권액면에 대하여 연간 제공되는 이자의 수익률이라고 할 수 있다.

액면 1억 원의 채권 소유자가 1년 동안 500만 원의 이자를 지급받는다면 표면금리는 (500만 원/1억 원)=5%이다. 표면금리가 4%인 이표채의 경우, 액면 10,000원 당 4%, 400원의 이자가 매년 지급된다고 볼 수 있다. 만약 그 채권이 3개월 이표채라면 분기마다 400원의 1/4인 100원이 지급되는 것이다. 연 단위로 보면 액면의 4%이다.

채권의 표면금리를 영어로 Coupon Rate라고 부르는 이유는, 과거 채권의 발달 단계에 기인한다. 과거의 채권은 실물로 발행되어 증서에 액면금액이 명시되어 있고, 여러 개의 떼어낼 수 있는 Coupon이 달려 있었다. 이 Coupon은 실제로 증서의 소유자가 매 기마다 떼어내고 발행자에게 제시함으로써 이자를 지급할 것을 요구할 수 있는 방법이었기에 채권의 표면금리를 Coupon에 적혀있는 Rate, 즉 Coupon Rate라고 불리게 되었다.

우리는 표면금리가 채권액면에 대하여 연간 제공되는 이자의 수익률이라고 배웠다. 그렇다면 표면금리가 높다면 투자자는 더 높은 수익을 얻을 수 있을까? 같은 날짜에 발행된 이표채의 경우 표면금리를 비교하면 되지만, 이미 발행되어 유통 중인 채권과 새로 발행되는 채권을 서로 비교할 때나 이미 발행되어 유통 중인 두 채권을 비교할 때에는 표면금리만 가지고 비교하는 것으로는 부족하다. 그럼, 채권 간의 비교를 위해 유용한 수익률은 무엇일까. 바로 다음에 다룰 만기수익률이다.

만기수익률(Yield-to-Maturity)

표면금리 4%, 연단위 이표채(후급), 3년 만기로 1년 전에 발행됐던 '양철건설 제35회 공모사채'를 생각해 보자. 이 공모사채를 1억원 보유 중인 투자자 A가 급히 현금이 필요하여 채권을 액면가보다 낮은 가격으로, 단가 9,800만 원에 채권시장에 매도 주문을 내었다. 지금 이 채권은 잔존만기 2년이다. 투자자 B가 이 채권을 매수할 경우 수익률은 4%일까? 혹은 더 높을까?

아래 표를 보면서 9,800만 원에 매수하려는 투자자 B의 입장에서 만기까지 보유했을 때 얻을 수 있는 수익들을 정리해 보고, 매수자 입장에서의 만기보유 시 수익률을 계산해 보자.

수익의 종류와 수익률

수익의 종류	수익 (만원)	수익률 (연환산)
이자수익	400 × 2 = 800	(800 ÷ 9,800) ÷ 2(년) = 4.08%
재투자수익*	400 × 5.2% = 20.8	20.8 ÷ 9,800 ÷ 2(년) = 0.10%
자본차익	10,000 − 9,800 = 200	200 ÷ 9,800 ÷ 2(년) = 1.02%
총수익	1,020.8	1,020.8 ÷ 9,800 ÷ 2(년) = 5.2%

*재투자수익률은 5.2%로 가정

먼저, 이자수익으로 400만 원씩 2년간, 800만 원을 받을 수 있다. 매수자는 매수한 이후 1년이 지난 시점에서 400만 원의 이자를 받게 되는데 이를 다시 투자할 수 있다. 여기서는 이자 재투자 시 수익률을 5.2%로 가정해 보자. 그럼 이자 재투자수익으로 20.8만 원을 얻게 된다. 마지막으로, 채권은 만기에 액면원금을 돌려주기 때문에 매수자는 1억 원을 상환받게 된다. 이때 자본차익이라고 불리는 수익을 얻게 된다. 이 부분이 200만 원이다. 이렇게 세 가지의 수익이 합쳐지게 되면, 매수자는 2년간 총 1,020.8만 원을 얻게 된다. 이를 연환산한 수익률로 표현하면 연 5.20%가 된다.

위의 예시의 투자자 A는 새로 발행되는 채권에 투자하여 만기까지 보유하면 연간 4%의 수익률을 기대할 수 있었다. 반면, 투자자 B는 투자자 A가 매도하려는 채권을 매수하여 만기까지 보유하면 5.20%의 수익률을 기대할 수 있다. 즉, 같은 채권이지만 사려고 하는 가격과 잔여만기에 따라서 투자자 A와 투자자 B의 채권투자수익률이 달라지는 것을 확인할 수 있다. 이 둘의 차이를 명확하게 보여주는 것이 바로 만기까지 보유할 경우의 연환산 수익률인 만기수익률(YTM: Yield to Maturity)이다. 즉, 여러 상황들에 대해서 동일한 기준을 두고 채권의 수익성을 비교하기 위한 수익률이 바로 만기수익률(YTM, Yield-to-Maturity)이다.

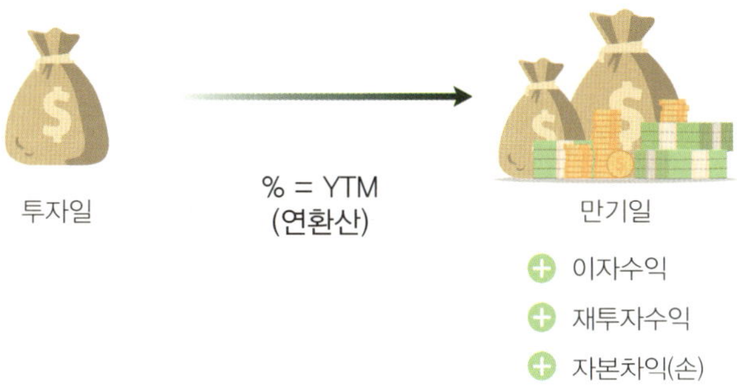

만기가 동일하고 신용위험 등 제반 위험요소가 차이 나지 않는 A, B 두 채권이 있을 때, A 채권의 YTM이 5.3%, B 채권의 YTM이 5.1%라면 A 채권을 더 싼(수익성 높은) 채권, B채권을 더 비싼 채권이라고 볼 수 있다. 이렇듯 만기수익률(YTM)은 채권의 수익성 비교의 대표적 지표가 된다. 때문에 만기수익률은 채권의 매수/매도 시 수시로 인용되는 수익률 개념이기 때문에 매매수익률이라고도 불린다. 매수자는 이를 "매수수익률"로, 매도자는 "매도수익률"이라고 부르기도 한다.

세전수익률과 세후수익률

세전수익률과 세후수익률은 매우 직관적이어서 그 이름에 수익률의 정의가 들어가 있다. 세전수익률이란, 채권투자 후 발생하는 모든 현금 흐름을 세금을 반영하지 않고, 투자원금으로 나눈 수익률을 의미한다. 반면, 세후수익률은 세전수익에 세금을 반영하여 계산한 수익률이다.

모든 투자에 있어서 세금을 내고 난 후에도 나에게 실질적으로 얼마의 수익이 돌아올 것인지는 매우 중요하다. 따라서 가장 중요한 지표는 결국 세금 납부를 감안한 수익률, 즉 "세후수익률"이다.

세후수익률의 계산은 아주 간단하여, 세후 총투자수익을 투자금액으로 나누면 된다.

$$\text{세후 총투자수익} = (\text{총수입금액} - \text{투자원금}) - \text{소득세(종합소득세 포함)}$$

$$\text{세후 수익률} = \frac{\text{세후 총투자수익}}{\text{투자금액}}$$

그럼 세후수익률이 왜 중요한지 앞서 배운 '만기수익률'과 잔여만기가 동일한 두 채권을 비교하면서 알아보자.

먼저 채권 A와 채권 B는 만기수익률과 잔여만기가 각각 5%와 1년으로 동일하다. 다만, 채권 A는 표면이자율이 5% 따라서 채권 매수가격은 10,000원이고, 채권 B는 표면이자율이 1%로 채권매수가격이 9,619원이다.

두 채권의 만기가 도래하면, 각 채권은 아래와 같은 현금 흐름을 가지게 된다.

- 채권 A : 이자수익 500원 + 차본차익 0원 = 500원
- 채권 B : 이자수익 100원 + 자본차익 381원 = 481원

세금을 고려하지 않을 경우, 채권 A는 채권 B보다 높은 수익을 안겨다주는 투자수단처럼 보인다. 하지만, 각각의 현금 흐름을 투자원금인 10,000원과 9,619원으로 나누면 각각 5%로 만기수익률과 동일하여, 두 채권의 투자매력에 있어 차이는 없는 것으로 보인다.

하지만 세금을 고려하여 수익률을 계산한다면 결과는 달라진다.

채권은 이자소득에 대해서 15.4%를 원천징수하고 자본차익에는 과세하지 않는다. 복잡한 금융종합소득과세를 뒤로하고 이자소득세 원천징수만 한다고 가정을 하고, 현금 흐름에 세금효과를 더해보면 아래과 같이 변하게 된다.

- 채권 A: 500원 − 77원 = 423원 ÷ 10,000원 = 4.23%
- 채권 B: 481원 − 15.4원 = 465.6원 ÷ 9,619원 = 4.84%

세금을 감안했더니 순식간에 채권 A보다 채권 B가 무려 0.61%나 더 높은 수익을 안겨다주는 투자수단이 되었다. 1억 원을 투자한다면 B채권의 세후수익이 A채권보다 61만 원이나 많은 것이다.

이렇듯 채권은 (a) '이자소득'에 대해서만 세금을 부과하는 독특한 특성을 가지고 있으며, (b) 채권 상품별로 이자를 주는 기준금리인 '표면금리'가 각기 다른 다양한 채권들이 발행 이후에 유통시장에서 거래되기 때문에, 이러한 특성을 잘 활용한다면, 투자자에게 실질적으로 더 이익이 되는 채권을 골라 투자할 수가 있다.

세후수익률은 이러한 채권의 특성을 잘 반영하여 이야기해 주는 좋은 지표이다. 따라서 채권을 투자하기에 앞서서 직관적으로 투자매력을 비교하기 위해서는 '만기수익률'을 보는 것이 맞지만, 실질적인 투자매력을 비교하기 위해서는 반드시 '세후수익률'을 살펴보아야 한다.

위의 예시를 간단하게 표로 나타내면 아래와 같다.

수익의 종류	채권 A	채권 B
채권조건	잔여만기: 1년 표면이자율: 5% (연지급) 채권매수가격: 10,000원	잔여만기: 1년 표면이자율: 1% (연지급) 채권매수가격: 9,619원
만기수익률	5%	5%
(+)이자수익	500원	100원
(−)이자소득세	77원 (500 × 15.4%)	15.4원 (100 × 15.4%)
(+) 자본차익	0원	381원 (10,000 − 9,619)
(=) 채권투자수익	423원 (500 − 77 + 0)	465.6원 (100 − 15.4 + 381)
세후수익률	4.23%	4.84%

연환산 수익률(연평균 수익률)

세후수익률을 살펴보면서, 우리는 세금이라는 요소가 채권의 수익성에 큰 영향을 미친다는 것을 확인하였다. 좋은 채권을 잘 고르기 위해서 알아야 하는 기본적인 수익률 개념이 하나 더 있다. 그것은 바로 '연환산수익률'이다. 위에서는 이해를 쉽게 하기 위하여 만기가 1년으로 동일한 채권을 비교하였다. 하지만 채권시장에는 다양한 만기의 채권들이 존재한다. 만약 위의 채권 A와 채권 B의 조건에서 잔여만기만 아래와 같이 아주 조금 다르다고 가정해 보자. (이 경우 만기수익률이 변화하므로 만기수익률은 알지 못한다고 가정한다.)

- 채권 A의 잔여만기 : 300일
- 채권 B의 잔여만기 : 365일

이때도 채권 B에 투자하는 것이 더 좋은 선택이라고 자신할 수 있을까? 이를 확인하려면, 두 채권의 수익률을 만기가 1년으로 동일하다고 가정하고 계산한 수익률로 비교해야 한다. 이를 '연환산수익률' 또는 '연평균수익률'이라고 말한다. 계산방법은 간단하다. 연평균세후수익률은 세후수익률을 투자기간(년)으로 나눈다.

> 연평균 세후수익률 = 세후수익률 ÷ 투자기간
>
> *투자기간 = (투자일수) ÷ 365일

채권 A와 채권 B의 세후수익률을 연환산 수익률로 나타내면 아래와 같아진다.

- 채권 A : 4.23% ÷ (300 ÷ 365) = 5.146%
- 채권 B : 4.84% ÷ (365 ÷ 365) = 4.840%

이렇듯 만기가 다를 경우, 연환산하여 비교하면 또 다른 결과를 얻게 될 수 있다.

결론은 좋은 채권을 선택하는 기준으로 '세후수익률'의 '연환산수익률', 즉 '연환산세후수익률'을 사용하는 것이 가장 좋다.

은행예금환산 수익률

세상이 참 이상한 것이 채권이 이렇게 좋은데, 개인들은 목돈이 생기면 채권에 투자하기보다 은행예금에 주로 넣어 둔다. 가장 큰 이유는 많은 개인들이 아직도 은행예금이 채권에 비해서 안전하다는 막연하게 기대감을 가지고 있다는 것이지만, 많은 개인들이 은행에서 제시하는 예금금리와 증권사들이 제시하는 만기수익률 또는 세전/세후수익률의 개념에서 어려움을 느끼는 것도 무시할 수 없다.

생각보다 많은 사람들은 금융에 대해서 어렵게 느끼고 공부하지 않기 때문이다. 이에 증권사들은 개인들이 채권의 수익성을 쉽게 이해하고 다른 금융상품과 비교할 수 있도록 새로운 지표를 만들었는데, 그것이 바로 은행예금환산 수익률이다.

은행예금환산 수익률은 해당 채권에 투자하면 몇 %의 금리를 제공하는 은행예금과 동일한 세후수익을 얻을 수 있는지를 알려주는 개인들에게 매우 유용한 지표이다. 채권의 연평균세후수익률을 구한 뒤에 이를 소득세율을 적용하여 역산하여 계산한다. 이를 수식화하면 다음과 같다.

> 은행예금환산 수익률 = 연평균세후 수익률 ÷ (1 – 세율)

일반적인 이자소득세율 15.4%를 적용하면, 다음과 같이 계산될 것이다.

> 은행예금환산 수익률 = 연평균세후 수익률 ÷ (1 – 15.4%)

예를 들어 위의 채권 B의 연평균세후수익률 4.840%을 적용한 은행예금환산수익률은 다음과 같이 계산될 것이다.

> 은행예금환산 수익률 = 4.840% ÷ (1 – 15.4%) = 4.840% ÷0.846 = 5.721%

이를 다른 표현으로 바꿔 보면 다음과 같다. 어떤 채권의 은행예금환산 수익률이 5.721%이라면, 해당 채권은 세전 연 5.721%의 은행예금과 동등한 수익성을 갖는다는 뜻이다. 이처럼 은행예금환산 수익률을 사용하면, 채권과 다른 채권, 혹은 은행예금과 같은 다른 확정금리 부상품과의 비교가 수월해지는 장점을 갖는다.

단, 유의할 점은, 금융소득종합과세가 적용될 투자자에게 있어 종합과세 세율까지 고려할 경우 같은 채권에 대해서도 서로 다른 은행환산 수익률이 산출될 수 있다는 것이다. 따라서 만약 금융소득종합과세 적용이 예상되는 경우 거래 증권사에게 사전에 이자소득 과표, 연평균세후 수익률, 그리고 은행환산 수익률을 자세히 문의하는 과정이 필요하겠다.

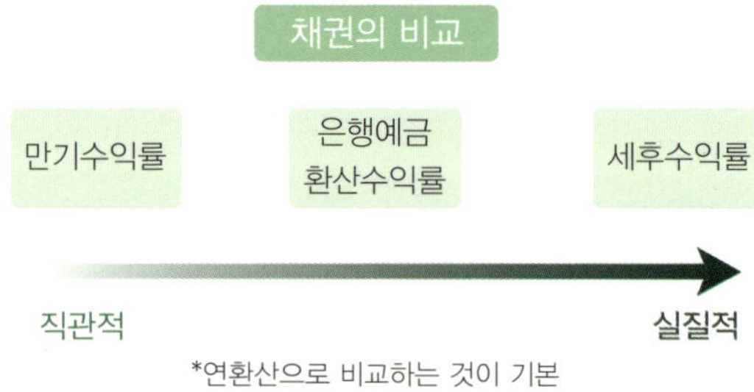

수익율(금리)의 배분

수익율(금리)	정의
표면금리 (CR: Coupon Rate)	채권의 권면에 기재된 이율로서, 1년 기준으로 채권발행자가 채권소유자에게 지급하는 이자를 액면으로 나눈 값
만기수익률 (YTM: Yield To Maturity)	채권을 만기까지 보유할 경우, 발생하는 모든 수익을 합한 연 환산수익률인 만기수익률
세전 수익률	채권투자 후 발생하는 모든 현금 흐름을 세금을 반영하지 않고, 투자원금으로 나눈 수익률
세후 수익률	세전수익에 세금을 반영하여 계산한 수익률
연평균(연환산) 수익률	수익률을 1년을 기준으로 환산하여 나타낸 수익률
연평균세후 수익률	세후수익률을 연환산하여 나타낸 수익률
은행예금환산 수익률	채권 투자 시, 몇 %의 금리를 제공하는 은행예금과 동일한 세후수익을 얻을 수 있는지를 알려주는 수익률

2. 채권의 매매가격(매매단가)

(1) 매수시점과 매매단가

대부분의 채권은 3개월마다 이자를 지급(후급)한다. 표면금리가 4%라면 액면 10,000원에 대하여 100원씩 매 3개월마다 이자를 지급하는 것이다. 따라서 흔히 드는 생각으로, 이자지급일 직전에 채권을 매수하여 이자지급일 직후에 채권을 매도하는 것을 반복하다 보면 아주 효율적인 투자가 될 것만 같다.

그러나 현실은 전혀 그렇지 않다. 이유는 무엇일까? 바로, 이자지급일 직전에 채권을 매수할 경우 그 동안 누적된, 아직 지급되지 않은 이자까지 한꺼번에 취득하는 것이며, 매매단가에 그만큼의 누적 이자가 반영되어 있을 것이기 때문이다. 이를 우리는 "경과이자"라고 부른다. 이 경과이자는 발행일 또는 직전이자지급일로부터 시작되어, 다음 이자지급일 직전까지 꾸준하게, 거의 동일한 금액만큼 지속적으로 누적된다. 그리고 실제 이자지급과 함께 사라져버린다.

앞서 우리는 표면금리와 매매수익률이 일치할 경우 매매단가가 액면가인 10,000원으로 계산됨을 확인하였다. 그러나 이는 발행일, 또는 이자지급일 직후에 매매할 때의 이야기이다. 그렇다면 어느 이자지급일과 다음 이자지급일의 어느 중간쯤 매매할 때는 어떻게 될까? 바로 이 경과이자가 더해진 가격으로 매매하게 되는 것이다. 이를 각 매수시점에 따라 계산하여 그래프로 표현해 보면 아래와 같다(1/1, 4/1, 7/1, 10/1이 이자 지급일일 경우).

매수시점에 따른 매매단가

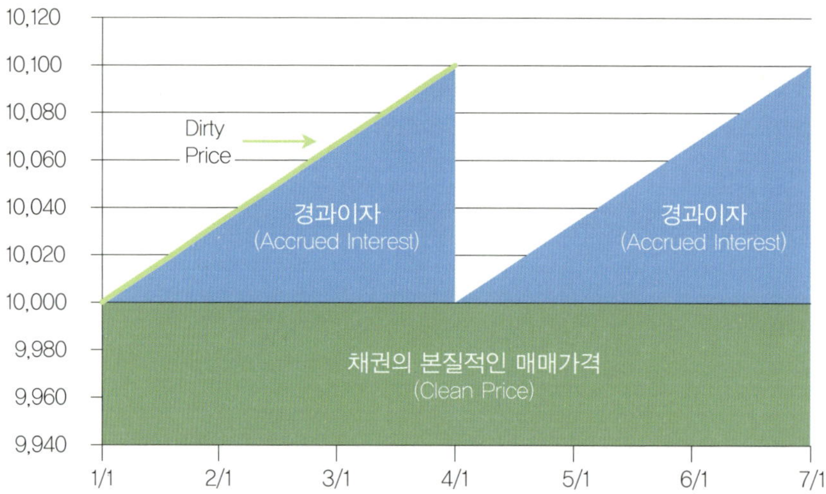

위 그래프 중 톱니바퀴와 같은 모양, 즉 상단 세모 부분이 바로 매 이자지급일 사이에서 하루하루 누적되는 경과이자(Accrued Interest)이다. 직전 이자지급일(ex: 1/1)로부터 다음 이자지급일(ex: 4/1)에 가까워질수록, 매수 당사자는 누적된 경과이자까지 지불하여야 하는 것이다.

만약 이자지급일 직후에 채권을 매수하는 경우라면 누적된 경과이자가 사라진 상태로 매수하기 때문에, 채권의 매매단가가 급락함을 알 수 있다.(이를 "이자락" 또는 "이표락"이라고 부른다.) 한편, 아래 영역, 즉 10,000원에 해당되는 가치가 바로 경과이자를 제외한 채권의 본질적인 매매가격이라고 볼 수 있다.

Check Point

※ 여기서 언급된 "채권의 본질적인 매매가격"을 업계에서는 Clean Price라고 부르며, 경과이자(Accrued Interest)가 포함된 가격을 Dirty Price라고 부른다. 통상적으로 우리나라 채권시장에서는 매매단가는 항상 이 Dirty Price를 가리킨다.(i.e. Dirty Price = Clean Price + Accrued Interest) 즉, 매매가격에 항상 경과이자가 반영되어 있다는 뜻이다.

정리하자면, 우리가 채권을 매매할 때에는 채권의 본질적인 매매가격(Clean Price)에 매매시점까지 누적된 경과이자(Accrued Interest)를 포함하여(Dirty Price) 지불해야 한다.

이로 인해 채권의 매수자, 매도자 모두 합리적인 거래가 가능해지며, 결국 매수자의 입장에서 채권의 이자 지급일 직전에 채권을 매수한다는 것은 전혀 신박한 투자 기법이 아닌 것이다.

(2) 매매수익률(YTM)과 매매단가

이제부터는 매매 시의 만기수익률(YTM)을 매매수익률이라고 부르도록 하겠다. 매매시의 매매 단가와 유사하게, 가치를 나타내는 지표 역할을 하기 때문이다. 앞서 언급한 매매수익률의 직관성 때문에 채권시장의 투자자들은 채권의 가치(가격)를 이야기할때 매매단가가 아닌 매매수익률을 언급하는 경우가 많다.

앞서 우리는 어느 채권의 매매단가와 미래 현금 흐름들의 현재 가치를 일치시키는 어떤 특정한 할인율(또는 이자율(r))을 계산할 수 있으며, 이를 만기수익률(YTM) 또는 매매수익률이라고 부른다고 배웠다.

$$\text{매매단가} = \frac{\text{1년 후 이자}}{[1 + \text{이자율(r)}]} + \frac{\text{2년 후 이자}}{[1 + \text{이자율(r)}]^2} + \frac{\text{(2년 후) 원금상환}}{[1 + \text{이자율(r)}]^2}$$

위 식을 반대로 생각해 보면, 미래 현금 흐름들(1년후 이자, 2년후 이자, 2년후 원금 상환액)에 대하여 특정 매매수익률(r)로 현재가치 화(化)하다보면 각 매매수익률에 따른 매매 가격을 산출할 수 있음을 알 수 있다.

2장에서 채권의 자본차익이라는 개념을 다루면서, 간단한 예시를 들어서 금리가 올라가면 채권가격은 떨어진다는 채권의 가격과 금리와의 간의 관계를 설명한 바 있다. 이제 금리와 수익률 등에 대한 이해도가 보다 깊어졌으므로, 실제 유통되는 채권에 가까운 구조인 아래 '진흥증권 50(AA−)'을 예시로 들어서 설명해 보도록 하겠다.

위의 식을 통해 진흥증권50(AA−) 종목을 만기 2년을 앞둔 시점에서 매매 단가를 계산해 보기로 하겠다 (표면금리 3%, 3개월 이표채(후급), 잔존만기 2년).

매매수익률에 따른 매매단가

매매수익률(YTM)	매매단가	매매수익률(YTM)	매매단가
2.60%	10,077	3.10%	9,980
2.70%	10,058	3.20%	9,961
2.80%	10,038	3.30%	9,942
2.90%	10,019	3.40%	9,922
3.00%	10,000	3.50%	9,903

위 표와 같이 매매수익률에 따라서 매매단가가 각기 다르게 산출되는 것을 알 수 있다. 그리고 매매수익률이 높아질수록 매매단가가 낮아지는 것도 확인할 수 있다. 또한 어느 한 매매단가에는 어느 한 매매수익률이 매칭(Matching)된다는 것도 확인할 수 있다. 위와 같이 매매수익률과 매매단가의 관계 사이에서 가장 특징적인 부분은, 바로 매매수익률 3.00%에서 매매단가가 액면가인 10,000원으로 계산된다는 것이다. 매매수익률 3.00%는 바로 이 채권의 표면금리 3%와 동일한 YTM이다. 이런 현상은 채권의 매매 시기가 발행일 또는 각 이자지급일 직후일 경우 항상 나타나는 현상이다.

또 다른 특징은 매매수익률이 높아질수록 매매단가가 낮아지고, 매매수익률이 낮아질수록 매매단가가 오른다는 점이다. 이를 좀 더 자세히 확인하기 위하여 위 표를 그래프로 표현해 보면 아래와 같다.

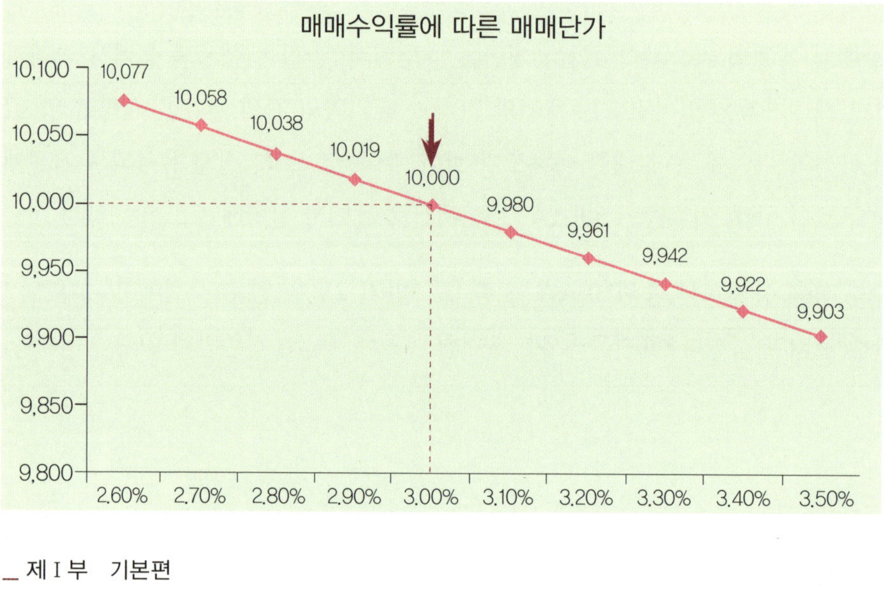

왜 이러한 현상이 발생할까? 직관적으로 생각해보면 다음과 같다.

- 만약 표면금리 3%로 발행된 채권이 있는데, 시장에서 새로 발행될 유사한 조건의 다른 채권이 3.1%의 표면금리를 갖는다면, 표면금리 3%인 채권은 액면가 10,000원보다 낮은 가격이어야 경쟁력이 있을 것이다. 가격이 충분히 저렴함에 따라 그 가격으로 매수했을 때의 수익성이 3.1%를 능가할 정도인 가격이 바로 경쟁력을 갖는 가격일 것이다.
- 만약 표면금리 3%로 발행된 채권이 있는데, 시장에서 새로 발행될 유사한 조건의 다른 채권이 2.9%의 표면금리를 갖는다면, 표면금리 3%인 채권은 액면가 10,000원보다 높은 가격에서도 경쟁력이 있을 것이다. 가격이 다소 상승하여 그 가격으로 매수했을 때의 수익성이 2.9%보다 떨어지지 않는다면 여전히 합리적인 가격일 것이다.

따라서 매매수익률(YTM)은 결국 시장에서 거래당사자가 생각하고 요구하는 금리의 수준이며, 그로 인해 해당 매매에서 받아들여지는 매매가격이라고 볼 수 있다. 매수자는 더 높은 수익률을 요구하기 때문에 더 높은 매매수익률로 매수한다는 것은 결국 더 낮은 가격으로 매수한다는 것이다.

이제 매매수익률이 3.00%에서 3.10%로 변할 때 매매단가가 어떻게 변하는지 살펴보자. 매매수익률이 0.10% 상승하는 상황에서 매매단가가 10,000원에서 9,980원으로, 20원이 하락했음을 확인할 수 있다. 왜 하필 20원일까?

위의 매매단가표에서 독특한 패턴을 확인할 수 있는데, 수익률이 0.1% 변할 때 매매단가가 대략적으로 20원 내외로 움직인다는 것이다. 이유는 이 채권의 잔여 만기가 2년이기 때문이다. 내가 0.10% 더 높은 매매수익률을 요구한다는 것은, 연간 0.10%의 수익을 더 얻고 싶다는 말이다. 또한 잔여 만기가 2년이기 때문에, 총 0.20%의 수익을 더 얻고 싶은 것이다. 채권의 액면가는 10,000원이므로, 만약 내가 10,000원의 0.20% 만큼(20원 = 10,000원 × 0.20%) 낮은 가격으로 매수한다면 결국 나는 총 0.20%의 수익을 더 얻을 수 있을 것이다.

이를 정리하면, 매매할 채권의 잔여만기가 2년인 경우 매매수익률의 변화에 2를 곱한 만큼 매매단가가 변한다고 볼 수 있다는 것이다. 물론 각 매수수익률에 따른 실제 매매단가는 좀 더 정교한 계산을 통해 산출해야 하며, 위 간편 계산과는 조금씩 오차가 발생하기는 한다. 그럼에도 불구하고 이런 식의 이해는 좀 더 직관적으로 채권의 잔여만기와 가격의 움직임을 이해하는 데 도움이 된다.

만약 잔여만기가 10년인 장기채권의 경우는 어떨까? 대략적으로 매매수익률의 변화에 10만큼을 곱함으로써 매매단가의 변화를 산출해볼 수 있을 것이다.(ex: 매매수익률 0.10% 상승 시 매매단가 1%(= 0.10% × 10년) 하락) 물론 앞서 언급한 바와 같이 정교한 계산을 해 보면 오차가 좀 더 크게 발생한다. 그럼에도 불구하고 장기채권일수록 매매수익률 변화에 따른 매매단가의 변화 폭이 더 커지는 것은 자명하다.

정리하자면, 각 채권의 매매수익률이 상승할수록 매매단가는 하락한다. 그러나 그 채권의 잔여만기가 길수록 매매단가가 하락하는 정도가 크며, 하락폭의 변화는 잔여만기에 대략적으로 비례한다.

채권의 매매수익률, 가격, 잔여만기

3. 채권의 듀레이션

위의 진흥증권채권의 예시에서, 우리는 만기가 2년인 채권의 경우 매매수익률이 0.10% 변화할 때마다, 채권가격이 0.20% 변하는 것을 확인할 수 있었다. 즉 진흥증권채권의 매매수익률이 1% 변할 때 채권가격의 변화율은 '2%'인 채권인 것이다.

채권시장에서 매매수익률의 변화에 따라서 채권가격이 얼마나 변할지를 직관적으로 나타내는 지표가 있는데, 그것은 바로 듀레이션이다.

듀레이션의 개념은 사실 채권투자자가 원금회수에 걸리는 이론적인 기간을 의미한다. 듀레이션을 구하는 산식은 매우 복잡하므로 채권투자의 기본을 이야기하는 본서의 성격에는 맞지 않다. 다만, 대략적인 개념을 잡기 위해서 이야기하면, 만기까지 중간에 이자지급이 전혀 없는 채권의 듀레이션은 채권의 잔여만기와 동일하다. 하지만, 만기 이전에 이자지급이 존재하는 채권의 경우, 잔여만기보다 듀레이션은 작다. 그리고 이자지급 금액이 클수록, 즉 채권의 표면금리가 클수록 듀레이션은 작다.

다시 말하면, 앞서 듀레이션은 채권투자의 원금회수에 걸리는 이론적 기간을 의미한다고 했으므로, 만기 이전에 받는 돈이 많으면 많을수록 원금회수 기간은 짧아지는 것이다.

다시 강조하자면, 이 듀레이션이 바로 채권의 금리에 대한 민감도, 즉 금리변화에 대한 가격변동성을 설명하는 지표가 된다. 듀레이션을 (1+이자율)로 나눈 값을 수정듀레이션(Modified Duration)이라고 한다. 이 책의 앞부분에서 채권의 가격은 수익률과 역으로 움직인다고 했는데, 금리가 1% 상승할 때 가격이 얼마나 떨어질지를 바로 이 수정듀레이션이 결정한다. 예를 들어 수정듀레이션이 3이라면, 금리가 1% 상승할 때 채권가격은 약 3% 하락할 것이다.

일반적으로 듀레이션으로부터 산출한 수정듀레이션이 실무적으로 의미가 있기 때문에 듀레이션이라고 하면 보통은 수정듀레이션을 지칭한다. 그리고 이 수정듀레이션은 증권사의 HTS를 통해 손쉽게 확인할 수 있다.

듀레이션에 대해 이해가 잘 안된다고 고민할 필요는 없다. 단순히 듀레이션이라는 지표가 시장금리가 1% 떨어질 때 해당채권의 가격이 얼마나 변할지를 보여주는 지표로만 이해해도 충분하다. 듀레이션이 클수록 가격변동이 큰 채권이구나, 하는 정도만 확인할 수 있으면 족하다.

5. 채권의 종류

채권의 종류별 특징

채권의 수익률과 가격 간의 관계에 대한 이해도가 높아졌다면, 이제 채권의 다양한 종류에 대해서 알아볼 준비가 된 것이다. 아래 표를 통해서 큰 그림을 먼저 그려보고, 채권을 종류별로 하나씩 알아보도록 하자.

채권의 발행 주체와 이자지급 방식

구분		내용
발행주체	국채	중앙정부가 재정정책 등 공공목적을 달성하기 위해 발행하는 채권으로 재정경제부 장관이 국회의 동의를 얻어 발행하며, 정부가 원리금 지급을 보증하기 때문에 신용도가 가장 높음
	지방채	지방자치단체인 시, 도, 군 등이 특수목적에 필요한 자금을 조달하기 위해 발행하는 채권으로 국채와 같은 수준의 신용도
	특수채	특별법에 의해서 설립된 기관이 특별법에 의하여 발행하는 채권으로 원리금 지급에 대한 정부 보증의 유무에 따라 정부보증 채권과 발행자 신용에 의한 무보증채권으로 나누며, 발행주체를 관할하는 정책 당국의 지휘, 감독 하에 발행
	회사채	상법상의 주식회사가 발행하는 채권으로 발행회사의 신용도에 따라 신용등급이 다양함
이자지급 방식	이표채	매 이자지급일(월, 분기, 반기, 연 등)에 이자를 지급하는 채권으로 현재 대부분의 채권들이 이표채 방식으로 발행
	할인채	채권 액면금액 만기까지의 이자를 단리로 할인한 금액으로 발행하는 채권으로 할인된 가격으로 채권을 발행하며 만기에 액면금액을 상환
	복리채	기일도래 지급이자 이후 이자 지급기간 동안 복리로 재투자되어 만기상환 시 원금과 이자를 동시에 지급하는 채권

<table>
<tr><th colspan="2">구분</th><th>내용</th></tr>
<tr><td rowspan="2">이자지급 변동 여부</td><td>고정금리채권</td><td>액면이자율이 채권에 명시되어 있는 채권으로 대부분이 고정금리로 발행함</td></tr>
<tr><td>변동금리채권</td><td>액면이자율이 고정이 아니라 특정금리의 가산금리를 더하는 방식으로 정해진 채권으로 매이자 지급일마다 이자가 달라짐</td></tr>
<tr><td rowspan="2">모집방법</td><td>사모채</td><td>발행자가 특정의 투자자와 채권의 인수, 인도계약을 체결하여 발행되는 채권 (50인 미만 소수의 한정된 투자자 대상)</td></tr>
<tr><td>공모채</td><td>채권발행주체가 불특정 다수에게 채권을 발행함으로써 자금을 조달</td></tr>
<tr><td rowspan="2">보증유무</td><td>보증채</td><td>원리금 상환을 발행자 이외에 주로 정부 및 공신력 높은 금융기관 등의 제3자가 보증하는 채권으로 최근에는 일반적이지 않음</td></tr>
<tr><td>무보증채</td><td>발행자의 신용도에 의하여 발행되는 채권으로 현재 대부분의 회사채가 무보증채로 발행됨</td></tr>
<tr><td rowspan="2">원금상환 방법</td><td>만기상환채</td><td>채권의 원금을 만기일에 일시 상환하는 채권으로, 대부분의 채권이 만기상환채</td></tr>
<tr><td>분할상환채</td><td>일정기간 거치 후 액면금액을 분할하여 상환하는 채권</td></tr>
<tr><td rowspan="3">상환순위</td><td>선순위</td><td>일반적인 채권으로 사채의 변제순위가 우선순위인 채권</td></tr>
<tr><td>후순위</td><td>사채의 변제순위에 있어, 담보부사채나 무담보사채, 기타 은행대출채권 등의 일반사채보다는 후순위지만 우선주나 보통주보다는 우선하는 채권</td></tr>
<tr><td>후후순위</td><td>변제순위가 후순위보다 뒤인 채권</td></tr>
<tr><td rowspan="4">상환기간[1)]</td><td>단기채</td><td>만기가 1년 이하인 채권</td></tr>
<tr><td>중기채</td><td>상환기간이 1년 초과, 5년 이하의 채권</td></tr>
<tr><td>장기채</td><td>상환기간이 5년 초과인 채권</td></tr>
<tr><td>영구채</td><td>상환기간이 정해져 있지 않는 채권. 일반적으로는 Call option 부여</td></tr>
</table>

1) 상환기간에 따른 분류는 공식적인 분류 방법이 아니라 나라별로 단기/중기/장기의 정의가 다를 수 있음

(1) 국채

국채는 간단하게 정부가 발행하는 채권이다. 하지만, 국채에도 여러가지 종류가 있다. 개인투자자들이 쉽게 접할 수 있는 채권으로 국고채, 장기국채, 물가연동국채, 국민주택채권 순으로 살펴보자.

국고채

대한민국 정부가 국가의 재정정책 수행에 필요한 자금을 조달하기 위하여 국채법을 근거로 하여 발행하는 채권을 국고채라고 한다. 국고채는 2년 만기에서 50년 만기 이하로 일정한 표면금리를 정하여 발행되는 국채를 이야기한다. 보통 6개월 단위로 이표를 지급한다. 국고채 중에서는 시장금리의 기준이 되는 "지표종목(지표물)"이라는 것이 있다.

지표종목이란 경쟁입찰을 통하여 발행된 국고채로서 만기별로 가장 최근에 발행되어 거래되고 있는 국고채이다. 즉, 국고채 지표종목은 2년물, 3년물, 5년물, 10년물, 20년물, 30년물, 50년물, 물가연동 10년물 등 모두 8개 종목으로 구성된다. 최근 발행된 종목을 지표종목이라고 한다면, 그 외의 모든 국고채는 비지표종목이라고 한다.

지표종목은 일반적으로 비지표종목에 비해 시장의 유동성(사자/팔자)이 높아서 매매를 통해서 자본차익을 노리고자 하는 투자자들이 많이 거래한다. 반면, 비지표종목의 경우 지표종목에 비해 유동성이 크게 떨어진다. 그러다보니 비지표종목 국고채 보유자가 채권시장에 해당 종목을 매도하고자 할 때에는 잔여만기가 유사한 지표종목에 비해서 더 불리한 가격으로 매도를 할 수 밖에 없다. 즉, 비지표종목의 가격은 지표종목보다 더 싸게 거래된다. 따라서 만기까지 채권을 보유해서 확정된 수익을 얻고자 하는 투자자들에게는 오히려 비지표물을 저렴하게 매입하는 것이 유리하다.

장기국채(20년물, 30년물, 50년물)

2012년 1월, 드디어 한국에도 30년 만기 국채가 발행된다는 소식으로 시장이 떠들석했다. 미국과 같은 선진금융시장의 전유물로 여겼던 30년 만기 국채가 이제 한국에도 나온다는 기대감이었다. 우려반 기대반이 었던 30년 만기 국채가 성공적으로 안착한 이후, 2019년부터는 50년 만기 국채의 정례발행도 정착하게 되었다.

장기국채의 안착과 함께 한국의 채권시장도 많이 성숙한 선진국형 채권시장으로 성장하였다.

다만, 개인투자자들은 장기국채 거래에 신중을 기해야 함을 언지하고 싶다. 바로 장기국채의 긴 듀레이션 때문이다. 그리고 이 듀레이션으로 인해, 장기국채 보유자는 단기간 내에 상당한 수익을 볼 가능성도, 또 동시에 엄청난 손실을 입을 가능성도 존재한다.

국고 30년 채권의 듀레이션은 얼마일까? 무려 20에 가깝다. 만약 개인이 이 채권을 보유한 상태로 금리가 1%가 상승한다면 산술적으로 대략 20%의 손실이 발생한다. 안전자산으로 믿었던 국채에서 20%의 평가손실이 발생하는 것이다. 물론 이를 만기까지 보유하면, 앞서 이야기한 것처럼 만기에 가까울수록 원금으로 수렴하여 원금손실은 사라진다. 하지만, 과연 30년을 기다릴 수 있는 사람이 얼마나 있을까? 그리고 그 30년 간 금리가 계속 올라버린다면 낮은 금리의 장기채권을 보유함으로 인한 기회비용은 어찌할 수 있을까?

하지만, 위험의 다른 편에는 기회가 있다. 역사적으로 높은 수준의 금리 환경 아래 있다면, 장기국채 투자를 고려해보는 것도 좋다. 금리가 1%가 올라서 20%의 평가손실을 얻을 수 있다는 것은 반대로 1%가 하락할 시에 20%의 수익이 발생한다는 이야기이기도 하기 때문이다.

2022년말 이후로 급등한 금리 덕에 과거 저금리 시절에 발행했던 장기물의 거래단가가 크게 하락하게 되었다. 이에 따라서 해당 채권들의 절세매력이 상대적으로 커진 부분이 있다. 낮은 표면금리로 발행되었던 장기국채인 19–6(20년물)과 20–2(30년물)의 경우에는 증권사 PB창구에서 '없어서 못파는' 상품이 될 정도여서, 장내국채시장에서는 큰 프리미엄이 붙어서 거래되기도 하였다.

물가연동국채

물가가 상승한 만큼 추가적인 수익을 얻을 수 있는 채권이다. 매매수익률이 1%이고 투자기간 동안 연평균물가상승률이 3%라면 매년 약 4%씩의 세전수익을 얻는 셈이다.

채권 가격은 물가연동계수를 곱하여 산출된 값을 가지고 계산한다. 물가연동계수는 해당물가연동국채의 발행 당시엔 1이다. 만약 만기시점까지 10년 동안 물가가 총 30% 상승했다면 만기시점의 물가연동계수는 1.3이 된다.

따라서 소비자물가지수가 증가하는 만큼 물가연동계수가 증가하며 물가연동국채의 액면의 가치가 증대된다. 과거에는 물가상승에 의한 물가연동국채 가치 증대에 대해서는 과세가 이루어지지 않았기에 중요한 수익원천이 되었다. 하지만, 2015년 이후에 발행된 물가연동채권부터는 물가상승분에 대해 과세가 되고 있어서 투자매력이 크게 반감되었다. 물가연동채권을 다음 그림으로 이해해 보자.

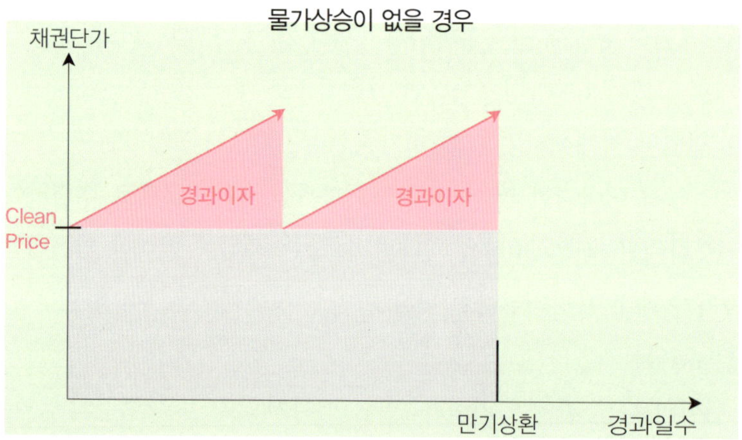

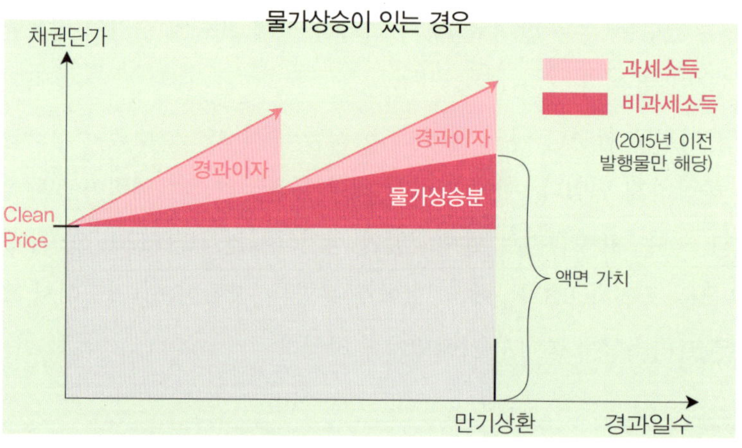

과거에 물가연동국채는 개인투자자들 사이에서 인기가 높은 채권이었다. 낮은 표면금리, 낮은 세율, 물가상승률로 인한 가치상승이 비과세 복리로 반영된다는 점 등을 통해 물가연동국채의 메리트는 너무나 빛나고 있었다.

그러나 2012년 세제개편을 발표하면서 2015년 이후 발행되는 물가연동국채의 물가 상승분에 의한 소득도 과세하기로 결정했다. 다만, 이전에 발행했던 상품에 대해서까지 소급 적용하지는 않았다. 이로 인해 2015년 이후 발행된 물가연동국채의 경우 표면금리가 아무리 낮아도 절세에 도움을 주지 못한다. 물가상승분에 대해서 비과세가 적용되는 마지막 물가연동국채인 '물가01125−2306 (13−4)'의 만기가 2023년에 도래했다.

한편, 물가연동국채에 대한 비판도 있다. 그것은 근본적으로 연동되는 물가계수가 CPI(소비자물가지수)와 연동된다는 점이다. 문제는 이 CPI가 실제 물가를 모두 반영하는 데는 한계가 있다는 점이다. 실례로 최근 수년간 주택가격이 무섭게 상승했지만 집값은 CPI의 구성요소가 아니기 때문에 집값이 올라도 CPI는 오르지 않는다(전·월세는 CPI에 포함). 또한 CPI는 5년 만기 구성과 비중이 조정되는데, 이것이 실질 물가와는 괴리가 있다는 비판을 받고 있다.

한때 투자자들의 원픽 채권이었던 물가채는 비과세 매력 상실, 물가연동계수의 실질물가 미반영 등으로 인해 점차 매력과 인기를 잃어가고 있다.

물가연동국채 발행잔액(2023년 6월말 기준)

종목명	발행일	만기일	표면금리(%)	발행잔액(조원)	특징
물가01125−2306(13−4)	2013−06−10	2023−06−10	1.125	2.3	세법개정에 의해 매수 후 분리과세 3년 유예 적용 시작
물가01750−2506(15−5)	2015−06−10	2025−06−10	1.750	2.0	세법개정에 의해 물가상승분도 과세표준 산입 시작
물가01000−2606(16−5)	2016−06−10	2026−06−10	1.000	2.3	
물가01750−2806(18−5)	2018−06−10	2028−06−10	1.750	2.3	
물가01125−3006(20−5)	2020−06−10	2030−06−10	1.125	2.3	
물가01625−3206(22−6)	2022−06−10	2032−06−10	1.625	1.3	

국민주택채권

국민주택채권은 정부가 주택건설을 위한 재원마련을 위해 발행하는 채권으로 법령(주택도시기금법와 국채법)에 의해 강제 첨가소화되는 채권이다. 첨가소화라는 말은 등기 시에 일반인에게도 의무적으로 매입하도록 한다는 뜻이다. 의무적으로 매입하도록 하기 때문에 표면금리가 시중금리 대비해서 낮게 발행되는 특성이 있다.

즉, 정부에서 낮은 비용으로 자금을 조달할 수 있게 하기 때문에 '준조세'의 성격이 있다. 이러한 특성으로 인해 발행되어 유통시장에 나올때, 유사만기의 다른 국채와의 가치형평성을 맞추기 위해서 바로 '할인'이 되어 거래된다. 유통시장에서 발행액면가에 비해서 할인되는 채권을 매입하는 개인투자자들은 만기보유 시 발행액면가 상당을 상환받으면서 자본차익을 얻을 수 있다. 따라서 금융투자세 도입 전까지는 절세상품으로써 매력을 지닌 채권이라고 할 수 있다.

현재 채권시장에서 유통되는 국민주택채권은 1종과 2종이 있다. 제1종 국민주택채권은 국가 또는 지방자치단체로부터 면허·인가·허가 등을 받거나 등기·등록을 신청하는 자에게 의무 매입을 시키기 위해 발행된다. 제2종 국민주택채권은 공공택지 안에서 건설·공급되는 주거전용면적 85제곱미터를 초과하는 분양가상한제 적용 주택 등을 공급받고자 하는 자에게 첨가소화되는 채권이나 2013년 5월 31일 이후 발행이 중단되었다.

국민주택1종 채권(연복리, 5년만기)

기간	이율	기간	이율
1973.03 ~ 1977.12	6.00%	2016.02 ~ 2016.06	1.50%
1978.01 ~ 1980.01	10.00%	2016.02 ~ 2016.11	1.25%
1980.01 ~ 1982.12	12.00%	2016.11 ~ 2016.12	1.50%
1983.01 ~ 2001.07	5.00%	2017.01 ~ 2019.06	1.75%
2001.08 ~ 2012.07	3.00%	2019.06 ~ 2019.07	1.50%
2012.08 ~ 2013.04	2.50%	2019.07 ~ 2019.08	1.25%
2013.05 ~ 2014.09	2.25%	2019.08 ~ 2022.11	1.00%
2014.10 ~ 2015.03	2.00%	2022.12 ~ 현재	1.30%
2015.04 ~ 2016.02	1.75%		

아파트 등 주택이나 자동차를 매입해 본 경험이 있는 사람들은 법무사 혹은 부동산 중개인을 통해서 매입채권비용이라는 금액을 내라고(혹은 매입 영수증에 비용으로 기재) 요청 받은 적이 있을 것이다.

자동차를 구입하면 자동차 매매 딜러로부터 제공받는 구매 영수증에 공채할인(지역개발채권할인, 매입채권비용 등 실제생활에서 사용되는 명칭은 다양하다)이라는 항목이 있다. 사실 아파트나 자동차를 살 때 해당 채권의 할인비용은 반드시 지불해야 하는 비용이 아니다.

채권 자체가 일반 투자자에게 익숙하지 않다 보니 편의를 위해서 부동산 중개사나 자동차딜러와 연계된 은행에 적당한 할인으로 채권을 넘기고 채권매도대금을 손님에게 주는 것이다. 하지만 이런 과정을 정확히 모르는 사람들은 비용이라고 인식하는 경우가 많다. 실제로 자금의 여유가 있다면 매입한 채권을 즉시 팔지 않고 증권사의 위탁계좌에 입고해 두었다가 투자목적으로 만기까지 보유하거나, 자본차익을 노리고 금리가 하락했을 때 매도하는 사람들도 있다.

이처럼 부동산이나 자동차를 매매하거나 등기, 등록 및 각종 인허가를 받을 때 의무적으로 매입해야 하는 채권을 첨가소화채권이라 한다. 정부 또는 지방자치단체가 공공사업을 추진하기 위한 자금을 조달하려는 목적으로 발행하는 채권으로 준조세 성격을 띤다. 종류는 국채인 국민주택채권과 지방채인 지역개발공채, 도시철도채권 등이 있다. 표면금리가 낮은 이율로 확정되어 있고, 만기 5년 이상의 장기채권이다.

(2) 공채

지방채와 특수채처럼 정부가 직접 발행하지는 않지만, 정부가 재정한 법의 보호를 받는 채권을 공채라고 한다. 공채에는 도시철도채권, 지역개발채권과 같은 지방채, 통화안정채권, 한국전력채권, 중소기업은행채권 같이 특수기관이나 공기업이 발행하는 특수채가 있다.

① 지방채 : 도시철도채권, 지역개발채권

도시철도채권

도시철도채권은 도시철도법에 따라 지하철건설자금을 조달하기 위하여 지방자치단체가 발행하는 지방채이다. 자동차를 살때 매입해야하는 첨가소화채권이다.

도시철도채권은 서울·부산·인천·대구·광주·대전에서 발행되고 있다. 따라서 발행주체는 지하철공사가 아닌 관할지방자치단체가 된다. 다른 도시철도채권과 달리 서울도시철도채권은 만기 7년에 일시 상환되지만, 다른 도시철도채권은 만기 5년에 일시상환된다.

2023년 현재 기준 도시철도채권의 표면이자율은 2.50%로 동일하나, 이자계산방식은 서울도시철도채권의 경우 복5단2(5년복리 후 2년단리)로, 기타 지방도시철도채권이 5년 연복리로 계산되며, 첨가소화되어 매출되고 있다.

지역개발채권

지역개발공채는 지방자치법, 지방공기업법, 지역개발기금설치조례 등에 의거하여 지역개발기금의 재원조달용으로 발행되는 지방채이다. 현재 18개 지방자치단체에서 연복리 2.5%(2023년 현재)에 만기 5년 일시상환의 조건으로 발행되고 있으며, 도시철도채권과 똑같이 첨가소화되어 매출되고 있다. 기업이 지방정부에 관급공사를 수주하거나, 물품과 용역 등을 공급할 때 의무적으로 매입하도록 되어있다.

지방채는 국민주택채권과 마찬가지로 첨가소화채권의 특성상 시중금리 대비 낮은 표면금리로 발행된 후 유통시장에서 할인되어 거래되기 때문에 유통되는 지방채는 절세채권으로써의 매력을 가지고 있다. 다만 이러한 매력으로 인해 실제 채권시장에서는 상대적으로 비싸게 거래되고 있다.

② 특수채

특별법에 의해서 설립된 기관이 특별법에 의하여 발행하는 채권으로 원리금 지급에 대한 정부 보증의 유무에 따라 정부보증 채권과 발행자 신용에 의한 무보증채권으로 나누며, 발행주체를 관할하는 정책 당국의 지휘, 감독 하에 발행되는 채권을 통틀어 특수채라고 한다.

특별법으로 설립된 기관은 대표적으로 한국은행, 한국전력, 토지개발공사, 수자원공사, 한국도로공사, 한국가스공사 등이 있다. 이러한 기관들 중 일부는 특별법 상에 정부가 손실을 보전하거나, 손실은 보전할 수 있다는 조항이 있다.

해당 조항의 예시는 다음과 같다.

특수채권 발행기관 및 공기업 손실금 보전 규정

구 분	내용
한국주택금융공사	한국주택금융공사 제51조(손실금의 보전) 공사의 결산에서 손실금이 생긴 경우에는 제50조 제1호에 따라 적립한 금액으로 보전하고, 적립금이 부족할때에는 정부가 보전한다.
한국산업은행	한국산업은행 제44조(손실금의 보전) 한국산업은행의 결산순손실금은 회계연도마다 적립금으로써 보전하고 적립금이 부족할 때에는 정부가 보전한다.
신용보증기금	신용보증기금 제41조(결손보전) 기금의 결산에서 손실금이 생긴 때에는 제1항의 적립금으로 보전하고 그 적립금이 부족한 때에는 정부가 이를 보전한다.
한국토지주택공사	한국토지주택공사 제11조(손익금의 처리) 공사는 매 사업연도의 결산결과 손실이 생긴 때에는 제1항 제2호에 따른 사업확장 적립금으로 보전하고, 그 적립금으로도 부족할 때에는 같은 항 제2호에 따른 이익준비금으로 보전하되, 그 미달액은 정부가 보전한다. 다만, 손실보전은 「보금자리주택건설 등에 관한 특별법」에 따른 산업단지조성사업 등 대통령령으로 정하는 공익사업에서 발생한 손실에 한한다.

위 4개의 공기업이나 기관 외에 대한석탄공사, 한국광물자원공사, 대한무역투자진흥공사, 한국장학재단, 기술보증기금, 무역보험공사, 정책금융공사, 수출입은행, 중소기업은행 등이 '정부가 결손금을 보전할 수 있다'거나 '정부가 손실금을 보전한다'는 특별법내 조항을 가지고 있다. 따라서 채권시장에서는 이러한 특수채에 국채에 준하는 신용등급을 부여하고, 그에 해당하는 높은 가격(낮은 금리)으로 거래되는 것이 일반적이다.

(3) 회사채

회사채란 상법상의 주식회사가 발행하는 채권이다. 우리가 흔히 알고 있는 현대차, 애플 같은 회사들은 은행거래를 하기도 하지만 중장기적인 자금계획을 수립한 후 채권자들을 모아 자금을 빌리기도 한다. 주식회사는 회사채를 발행하기 위해 증권사를 회사채발행 주관사로 선정하고 신용평가회사에서 회사채의 신용등급을 부여받는다.

발행되는 회사채의 금리는 일반적으로 주관증권사가 채권시장에서 해당 채권에 대한 수요를 조사한 결과로 정해진다. 보통 유사한 신용등급과 만기를 가진 회사들의 채권유통시장에서의 거래금리를 참조하여 그 금리가 결정된다. 다만, 회사 자체의 신용등급이 낮더라도 그 회사의 대주주인 그룹이 우량하면 해당 채권에 대한 수요가 많아져서 동일 조건의 다른 회사채보다 낮은 금리로 발행되기도 한다.

(4) 단기채권 (RP, 발행어음, 단기사채)

RP(환매조건부 채권)

증권회사에는 위험한 상품만 취급한다는 고정관념이 있는 것이 사실이다. 하지만, RP투자와 같이 안전한 상품도 증권사들이 취급하고 있다. RP는 증권사의 신용으로 뒷받침되는 안전한 단기상품이다.

RP는 보통 Repo 또는 Repurchase Agreement라고도 부른다. 우리말로 '환매조건부 계약(또는 채권)'이라고 부른다. RP계약 시 계약서 안에 환매조건이 포함되어 있다는 의미인데 아래 그림을 보면서 이해를 높여보자.

투자자는 증권사에 투자금을 납입하면, 증권사에서 우량한 채권을 투자자의 계좌에 넣어준다. 이 채권은 투자자에게 있어 증권사에 맡긴 투자금에 대한 담보로써의 역할을 한다. 일반적인 상황에서는 RP계약기간보다 담보 채권의 잔여만기가 다소 길다. 그리고 해당 채권 담보는 RP계약이 만료되었는데 증권사가 약정된 이자와 원금을 지급하지 않는다면 시장에서 매도가 가능하다. 담보 채권은 보통 은행채, 국공채와 같은 우량채권이며 담보비율은 105%로 하는 것이 일반적이다.

그렇다면 안전성 이외의 RP의 투자 메리트는 무엇일까?

첫째로 짧은 만기이다. 증권사에 가면 1주일부터 1년까지 다양한 만기의 RP를 판매하고 있다. 투자금이 상당하고, 특정한 만기를 희망한다면 증권사 PB와 상의하여 원하는 기간 동안의 RP계약을 체결할 수도 있다. 물론 긴 만기의 RP일 때에 더 높은 수익률을 얻을 수 있다.

또 하나의 장점은 유연함이다. 투자자가 보통 RP를 매수할 때 기간을 설정하는데, 중도에 해지하는 것이 자유롭다. 기간을 어길 경우(중도해지 또는 약정기간보다 더 긴 투자 시) 약정한 수익률보다 다소 낮은 수익률을 얻게 될 뿐이고 큰 불이익은 없다.

마지막으로 높은 수익성이다. 단기금융상품으로 은행의 수시입출금계좌·RP·MMF 등이 주로 활용되는데 RP의 수익성은 어느 것에 비해서도 절대 밀리지 않는다. 수시입출금계좌의 금리가 보통 0.1%~0.2% 수준임을 감안하면 RP의 수익률(3% 초 중반)은 매우 경쟁력이 있다.

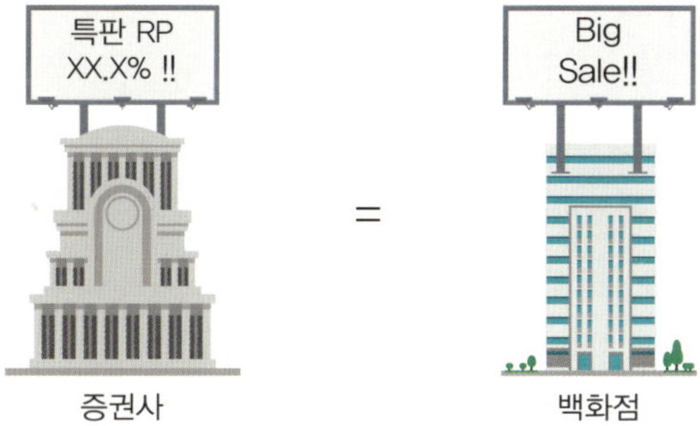

눈여겨볼 만한 RP상품 중에는 특판 RP가 있다. 증권사들은 때때로 특판 RP를 통해 평소보다 1% 이상 높은 수익률을 제시하면서 고객을 유치하기 위해 노력한다. 하지만 고금리라고 해도 RP의 특성상 만기가 짧기 때문에 증권사 입장에서 큰 돈을 들이지 않고도 고객자금을 유치할 수 있는 것이다. 이렇게 유치된 자금들은 RP가 만기에 이르면, 해당 증권사가 권유하는 다양한 금융상품에 투자가 이루어질 수 있기에 증권사에게는 좋은 마케팅 수단이 된다.

물론, 체리피커(Cherry Picker)처럼 증권사들의 특판 RP 같은 상품들만 골라서 투자하는, 증권사 입장에서는 달갑지 않은 노련한 투자자도 있지만 여전히 고객 유치 확대를 위해 손쉽게, 그리고 지속적으로 증권사가 출시하는 상품이기 때문에 꾸준히 관심을 가지는 것이 좋다.

증권사가 특판 RP를 판매할 때는 보통 신문기사를 통해서 광고를 낸다. 따라서 포털사이트에서 '특판 RP'로 뉴스검색을 하면 쉽게 정보를 얻을 수 있다.

RP는 매우 안전한 상품으로 여겨지는데, 원금보장형 상품이라고 할 수 있을까? 사실 RP는 엄격하게 말해서 원금보장상품이라고 할 수 없다. 예금자보호법에 따라 보호받을 수 없기 때문이다. 하지만 대부분 담보물이 국채와 같은 우량 채권으로 구성되며, 일정한 담보비율을 유지해야 하는 규정에 따라 비록 원금보장형 상품은 아니지만 매우 안전한 확정금리형 상품 중 하나로 볼 수 있다.

확률이 높지는 않지만 최악의 경우에는 담보채권 및 판매한 증권사 모두에게 부도와 같은 문제가 발생할 수 있을 것이다. 이 경우는 아마도 우리나라의 국가부도 사태와 같은 위기에 처한 상황을 전제로 할 것이다. 그러나 실제 가능성은 매우 희박하다고 생각한다.

증권사 RP 금리(기준일 2023. 6. 30)

구분	3개월	6개월	12개월
KB증권	3.25%	3.30%	–
미래에셋증권	3.25%	3.35%	3.55%
NH증권	3.10%	3.10%	3.20%
한국투자증권	3.40%	3.40%	–

대형증권사 발행어음

증권사의 대표적인 단기 확정금리 상품 중에는 자기자본 4조원 이상의 대형증권사들에게만 발행이 허용되는 발행어음이라는 것이 있다. 정부는 투자은행을 키우기 위한 방안으로 자본시장법을 만들고, 대형증권사들에게 은행의 수신업무(예금)와 유사한 '발행어음'에 대한 인가를 2017년에 최초로 허용하였다. 한국투자증권이 2017년 11월 최초의 발행어음을 판매하기 시작한 이후에 어느덧 6년 이상의 시간이 흘렀고, 발행어음은 증권사의 대표적인 수신형 상품으로 자리잡았다.

발행어음은 앞서 설명한 RP와 같이 복잡한 구조를 가지지 않는다. 채권 담보 등 복잡한 절차를 모두 생략하고, 투자자는 발행하는 증권사의 재무적 우량성과 신용을 믿고 돈을 맡기고 정해진 만기에 약속한 원금과 이자를 지급받는다. 구조는 은행 예금과 동일한 상품이지만, 예금자 보호를 받지 않는다는 점과 지급보증자가 대형증권사라는 것이 다를 뿐이다. 하지만 한국의 대형증권사들은 금융당국의 강한 규제를 받으면서 영업하고 있고 발행어음 판매도 어느 덧 6년이 넘어가면서 많은 투자자들에게도 안전하면서 수익성 좋은 단기 상품으로 인정받고 있다.

증권사 발행어음 금리(기준일 2023. 6. 30)

구분	3개월	6개월	12개월
KB증권	3.75%	4.40%	4.55%
미래에셋증권	3.60%	4.35%	4.30%
NH증권	3.50%	4.05%	4.40%
한국투자증권	3.75%	4.25%	4.40%

단기사채(STB; Short Term Bond)

단기사채는 증권사들의 개인투자자들에게 가장 사랑받는 단기확정금리형상품 중 하나이다. 아파트 등 부동산개발 프로젝트의 자금흐름을 담보로 한 상품들이 주를 이루고 있으며 무엇보다 단기 고금리 채권으로 인기가 있다. 어떤 성격을 가진 상품인지 보다 자세히 알아보도록 하자.

먼저, 단기사채는 채권과 마찬가지로 확정금리상품이다. 단기사채는 세전만기금액(액면금액)을 매매 시 협의된 할인율로 할인하여 매매되는 형태를 지닌다.

예를 들어 표면금리가 3%인 만기 1년 채권을 액면가 10,000원에 사서 1년 동안 3%의 이자를 받는 것과는 대조적으로, 할인율 3%인 단기사채 액면 10,000원을 9,700원에 매수하여 만기에 10,000원을 받는 식이다. 중도 이표는 없이 말이다. 이것은 마치 할인채와 유사하다고 할 수 있다.

둘째로, 단기사채의 만기는 보통 3개월이다. 각 증권사 영업점에서 추천하는 단기사채 상품들은 간간히 1개월 만기의 상품이 보이기는 하지만, 일반적으로 3개월인 것이다. "나는 1년 정도 투자하고 싶은데?" 그럼 3개월짜리 단기사채를 4번 투자하면 된다. 1년짜리 상품이 나왔으면 좋겠지만 그런 단기사채는 보이지 않는다. 그 이유는 다음 특성에서 설명한다.

셋째로, 그리고 둘째 특성과의 높은 관련이 있는 요소로서, 3개월 이하 만기의 단기사채는 발행 시, 증권사의 금융감독원에 증권신고서 제출이 면제된다. 즉, 발행사들은 3개월 만기의 단기사채만 열심히 발행하면서 증권신고서를 제출하는 부담을 벗어 던지는 것이다. 결국 금융감독원 공시정보 사이트에도 이러한 단기사채들은 증권신고서도 투자설명서도 존재하지 않는다.

넷째로, 증권사를 통해서 추천 받는 단기사채 상품들은 거의 대부분 자산유동화 단기사채이다. 특히 아파트 등 부동산건설사업과 연관된 단기사채가 가장 흔하다.

마지막으로, 단기사채는 채권과 유사하게 신용등급을 가지고 있다. 그러나 신용등급 표기 체계가 채권과 다소 차이점이 존재한다.

요약하면, 개인 투자자들이 접하는 단기사채는 주로 3개월 만기의 자산유동화 단기사채이며, 증권신고서가 없다.

(5) 기타 채권

지금까지 개인투자자가 증권사에서 흔히 접할 수 있는 일반적이고 안전한 채권의 종류들을 살펴보았다. 하지만 채권의 종류는 이것으로 끝이 아니다. 후순위채권과 신종자본증권, 변동금리채권, 유동화채권, 메자닌(CB 등), ESG 채권, 다양한 해외채권 등 정말 많은 종류가 있다. 추가적인 채권들에 대한 것은 심화편에서 살펴보도록 하자.

6. 채권 투자 종목 선정

1. 신용등급 설명

채권 투자자들 입장에서는 투자자금의 안정성이 가장 중요할 것이다. 채권의 안정성은 신용평가기관들이 기업들의 원리금 상환능력을 평가하여 신용등급으로 안내하고 있다. "신용평가"는 전문적이고 객관적인 신용평가기관들이 원리금 상환능력을 "신용등급"으로 표시하여 공시하는 행위이다.

채권을 투자할 때 가장 쉽게 접하는 용어가 금리와 신용등급이다. 이러한 신용등급은 무엇이며 왜 필요할까? 개인이 은행에서 신용대출을 받는 것과 비교해 보자. 은행에서 신용대출을 받을 때 직장인일 경우 연봉, 직급, 재직 중인 회사, 은행과의 거래실적, 과거 대출현황, 연체 현황 등 은행이 조회 가능한 모든 금융정보들을 파악하고 이를 체계화하여 1~10등급까지 등급을 책정한다.

1등급에 가까울수록 신용이 높아 대출금리가 낮고, 10등급으로 갈수록 신용이 낮기에 금리가 높거나 대출이 거절당하기도 한다. 기업도 마찬가지다. 자금이 필요하여 회사채를 발행할 때 원리금의 상환능력이 좋을수록 높은 신용등급을 받아 채권 발행금리가 낮아지고, 상환능력이 낮을수록 낮은 신용등급을 받아 채권 발행금리가 높아진다.

채권의 신용등급은 숫자로 표현되는 개인 신용등급체계와 다르게 알파벳 ABCD로 표시를 하는데 (+, 0, -) 기호로 구분되어 있어 채권을 접해보지 않은 사람은 대학 성적표처럼 느껴질 수도 있다. 처음 채권의 신용등급을 접하는 투자자의 경우 이를 어떻게 해석해야 하는지 모를 수 있으니 다음의 체계를 숙지하도록 하자.

장기 신용등급 명칭과 정의

등급 기호		한글명칭	포괄적 장기 신용등급의 정의
등급	Notch		
AAA	AAA	트리플에이	최고 수준의 신용상태, 채무불이행 위험 거의 없음
AA	AA+ AA AA−	더블에이플러스 더블에이 더블에이마이너스	매우 우수한 신용상태, 채무불이행 위험 매우 낮음
A	A+ A A−	싱글에이플러스 싱글에이 싱글에이마이너스	우수한 신용상태, 채무불이행 위험 낮음
BBB	BBB+ BBB BBB−	트리플비플러스 트리플비 트리플비마이너스	보통수준의 신용상태, 채무불이행 위험 낮지만 변동성내재
BB	BB+ BB BB−	더블비플러스 더블비 더블비마이너스	투기적인 신용상태, 채무불이행 위험 증가 가능성 상존
B	B+ B B−	싱글비플러스 싱글비 싱글비마이너스	매우 투기적인 신용상태, 채무불이행 위험 상존
CCC	CCC	트리플씨	불량한 신용상태, 채무불이행 위험 높음
CC	CC	더블씨	매우 불량한 신용상태, 채무불이행 위험 매우 높음
C	C	싱글씨	최악의 신용상태, 채무불이행 불가피
D	D	디	채무불이행상태

주: 상기 등급 중 AA부터 B까지는 당해 등급 내에서의 상대적 위치에 따라 +또는 −부호를 부여할 수 있음.

〈출처 : 한국기업평가〉

단기 신용등급 명칭과 정의

등급 기호		한글명칭	포괄적 장기 신용등급의 정의
등급	Notch		
A1	A1	에이원	매우 우수한 단기 신용상태, 단기적인 채무불이행 위험 매우 낮음
A2	A2+ A2 A2−	에이투플러스 에이투 에이투마이너스	우수한 단기 신용상태, 단기적인 채무불이행 위험 매우 낮음
A3	A3+ A3 A3−	에이쓰리플러스 에이쓰리 에이쓰리마이너스	보통 수준의 단기 신용상태, 단기적인 채무불이행 위험 낮지만 변동성 내재
B	B+ B B−	비플러스 비 비마이너스	불안정한 단기 신용상태, 단기적인 채무불이행 위험 상존
C	C	씨	불량한 단기 신용상태, 단기적인 채무불이행 위험 높음
D	D	디	채무불이행 상태

주: 상기 등급 중 AA부터 B까지는 당해 등급 내에서의 상대적 위치에 따라 +또는 −부호를 부여할 수 있음.

〈출처 : 한국기업평가〉

등급별로 간단히 신용등급이 의미하는 회사의 신용상태를 알 수 있는데 이러한 간단한 정의로 실제 회사를 판단하기는 힘들다. 실제 신용평가사에서 채권을 평가할 때 각각의 업종별, 채권형태별로 평가방법론을 정의하고 이에 따라 정량적, 정성적 평가를 포함하여 등급을 산출한다.

채권의 신용등급은 장기신용등급과 단기신용등급으로 구분된다. 이러한 구분은 완전히 별개의 평가가 아니라 해당채권의 상환능력을 장기와 단기로 분리해서 평가하는 것이다. 따라서 장기신용등급과 단기신용등급은 일정한 관계가 형성된다.

다음의 표는 이를 매칭한 표이다. 표를 보면 점선이 있는데 장기 신용등급이 A+ 이 단기 신용등급 A1이 연결된 것을 볼 수 있다. 일부 채권의 경우 단기의 채무상환능력이 장기보다 우수하여 한 등급 높이 평가를 받을 수 있다는 것을 말한다. 예를 들어 중소형 증권사의 경우 이렇게 장단기 신용등급 차이가 나는 회사를 쉽게 찾을 수 있다.

장단기 신용등급 대응

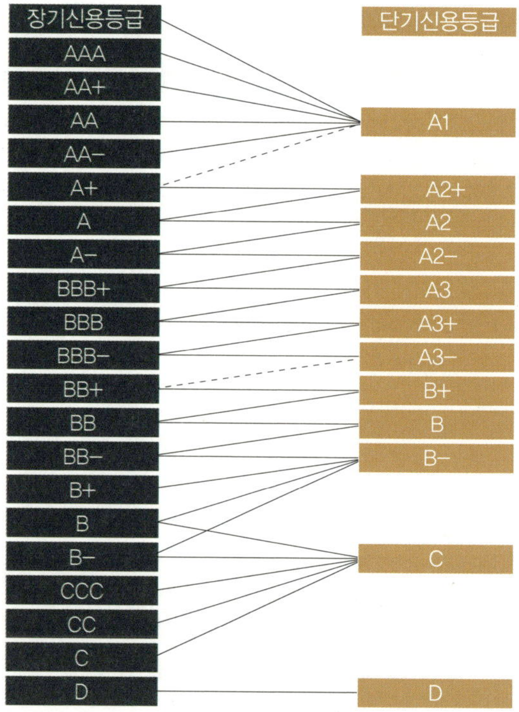

〈출처 : 한국기업평가〉

단 주의할 것은 신용등급은 평가시점을 기준으로 하기 때문에 과거의 거울이지, 현재를 실시간으로 비추는 것이 아니라는 점을 꼭 유의해야 한다. 대출을 받을 때 개인의 신용등급은 대출금리 책정에 직접적인 영향을 미치기 때문에 매우 중요하다. 같은 돈을 빌리더라도 신용등급이 낮으면 더 높은 이자를 지급해야 하기 때문이다. 채권도 마찬가지이다. 기업들도 채권발행 금리를 낮추기 위해 되도록 신용등급을 높게 평가받고 싶어하는 것은 당연한 일이다.

기업이 정상적으로 사업을 영위하며 안정적으로 수익을 내어 각종 재무제표 지표들이 좋아진다면 신용등급을 주기적으로 평가하는 신용평가사에서 더 높은 신용등급을 책정할 것이다. 하지만 만약 기업이 자신의 좋지 않은 재무정보나 사업정보를 숨긴다면 신용평가사가 제대로 평가를 할 수 있을까? 또 다른 경우도 생각해 보자. 기본적으로 신용평가는 과거의 실적과 앞으로의 경기전망에 따른 예상실적으로 평가를 한다.

하지만 미래를 예측할 수 없기에 통제할 수 없는 사건의 발생으로 산업이나 기업에 악영향이 있는 경우 어떻게 평가할 수 있을까? 이러한 이유들로 채권투자 시 신용등급은 기본적으로 꼭 알아야 하지만 100% 의존하며 맹신해서는 안된다. 실제 사례를 살펴보자. 2012년 한 회사의 신용등급이 A− 등급에서 법정관리를 신청하여 하루아침에 D등급이 된 경우도 있었다.

2012년 9월 26일 웅진홀딩스 법정관리 신청

2012년 당시 웅진홀딩스는 한국기업평가로부터 A−, 나이스신용평가로부터 BBB+의 신용등급을 받고 있어 우량한 회사채로 분류되었다. 당시만 해도 A급의 디폴트는 쉽게 생각할 수 없었기 때문에(1997년 이후 A등급의 회사채가 부도를 맞은 사례가 없음) 많은 개인투자자들이 이 채권에 투자했다. 그런데 2012년 9월 26일 저녁 웅진홀딩스는 극동건설과 함께 법정관리(기업회생절차)를 신청했다.

당시 신용평가회사 2곳은 급히 신용등급을 디폴트 상태를 뜻하는 D등급으로 하향 조정했지만 투자자들에게 사전적으로 어떠한 경고도 하지 못했다. 그 당시의 신용평가서들을 보면 웅진홀딩스가 웅진코웨이를 매각한다는 발표에 매각 자금으로 차입금을 상환하면 이자비용 부담이 줄어들 것이라는 분석으로 일관했다. 미리 리스크를 평가해야 할 신용평가의 의무를 제대로 수행하지 못한 결과였다.

이 에피소드에서 볼 수 있듯이 신용등급이 채권의 상환을 반드시 보증해 주는 것은 아니다. 투자자는 신용등급의 이면에 있는 자세한 평가내용과 증권신고서 등을 꼼꼼하게 확인할 필요가 있고, 자체적인 리스크 분석이 어렵다면 전문가의 도움을 받아 투자해야 할 것이다. 아래 표들은 신용등급별 금리와 부도율을 나타내는 표이다. 신용등급이 낮을수록 금리와 부도율이 상승하는 것을 알 수 있다.

등급분포 – 등급별 금리 스프레드 : 2023.6.30 기준

종류명	신용등급	3월	6월	1년	3년	5년	10년
국고채권	무위험	3.540	3.507	3.577	3.656	3.650	3.661
무보증 회사채	AAA	3.822	3.863	3.988	4.235	4.371	4.877
	AA+	3.892	3.938	4.083	4.357	4.516	5.051
	AA0	3.933	3.975	4.121	4.396	4.583	5.377
	AA−	3.967	4.006	4.159	4.462	4.683	5.737
	A+	4.372	4.550	4.662	5.098	5.439	6.242
	A0	4.532	4.716	4.844	5.364	5.868	6.706
	A−	4.771	4.969	5.128	5.808	6.461	7.219
	BBB+	5.488	6.009	6.692	8.438	8.601	8.924
	BBB0	5.862	6.512	7.374	9.480	9.656	10.032
	BBB−	6.537	7.310	8.362	10.854	11.076	11.461

〈출처: 금융투자협회〉

신용등급과 연간 부도율

구분	2016년		2017년		2018년		2019년		2020년	
	부도 업체수	부도율	부도 업체수	부도율	부도 업체수	부도율	부도 업체수	부도율	부도 업체수	부도율
AAA	0	0.00	0	0.00	0	0.00	0	0.00	0	0.00
AA	0	0.00	0	0.00	0	0.00	0	0.00	0	0.00
A	0	0.00	0	0.00	0	0.00	0	0.00	0	0.00
BBB	0	0.00	0	0.00	0	0.00	0	0.00	0	0.00
BB	1	4.76	0	0.00	0	0.00	1	9.09	0	0.00
B	1	9.09	0	0.00	0	0.00	1	11.11	0	0.00
CCC	0	0.00	0	0.00	0	0.00	0	0.00	0	0.00
CC	0	−	0	−	0	−	0	−	0	−
C	0	0.00	0	0.00	0	0.00	0	0.00	0	−
투자등급	0	0.00	0	0.00	0	0.00	0	0.00	0	0.00
투기등급	2	5.56	0	0.00	0	0.00	2	8.70	0	0.00
전체	2	0.54	0	0.00	0	0.00	2	0.56	0	0.00
연초 신용등급 보유업체수	372		363		364		356		370	

〈출처 : 한국신용평가〉

우리나라에서 가장 안전한 채권은 무엇일까? 당연히 우리나라 정부가 발행하는 국채이다. 하지만 우리나라의 국채가 전 세계적으로 본다면 가장 안정적인 채권일까? 외국인 투자자의 입장에서 채권투자를 바라볼 때 우리나라의 국채는 안정적인 채권이라고 볼 수 있어도 가장 안전한 채권이라고는 볼 수 없다.

우리나라의 국채는 국내에서는 신용등급이 없는 무위험(risk-free) 채권이지만, 글로벌 신용등급으로 보면 우리나라 국채보다는 미국, 유럽 국채가 신용등급이 더 높다. 뉴스나 기사에서 들어봤을 3대 국제신용평가사는 Moody's, S&P, Fitch이며, 공신력 있다고 판단하여 전 세계에서 가장 신뢰를 하고 있는 평가사들이다.

우리나라 신용평가사들이 국내 기업들의 재무제표 등을 주기적으로 점검하여 신용등급을 책정하는 것처럼 국제 신용평가사들은 개별기업뿐 아니라 전 세계 정부들의 신용등급을 평가한다. 이를 위해 GDP, 환율, 국가부채, 수출 등 해당 국가의 여러 거시경제 데이터를 분석한다.

다음의 표에 국제신용평가사들의 등급 체계를 살펴보자.

S&P와 Fitch 사의 경우 국내 신용평가 등급과 같지만, Moody's의 경우 다른 기호로 평가하는 것을 알 수 있다. 국제신용등급을 볼 때는 신용등급을 책정하는 것은 상대적인 기준이라는 것을 명심해야 한다. 국내에서는 우리나라 국채의 신용등급은 없다.

등급이 없다는 의미는 국내에서는 위험이 없다고 보는 것이다. 국내에서는 무위험이지만 해외투자자들의 관점에서는 현재 우리나라 국가 신용등급은 Aa2(Moody's), AA0(S&P), AA-(Fitch)으로 높은 등급이긴 하지만 무위험채권은 아니다. 우리나라에서 AAA나 AA등급의 높은 평가를 받는 회사들의 국제등급은 우리나라 국가등급보다 더 아래 등급의 평가를 받게 된다.

국제신용평가사의 등급 체계(장기)

Moody's	S&P	Fitch
Aaa	AAA	AAA
Aa1	AA+	AA+
Aa2	AA	AA
Aa3	AA−	AA−
A1	A+	A+
A2	A	A
A3	A−	A−
Baa1	BBB+	BBB+
Baa2	BBB	BBB
Baa3	BBB−	BBB−
Ba1	BB+	BB+
Ba2	BB	BB
Ba3	BB−	BB−
B1	B+	B+
B2	B	B
B3	B−	B−
Caa	CCC	CCC
Ca	CC	CC
C	C	C

참고로 우리나라의 국제신용등급 변천사를 살펴보자. 가장 먼저 한국을 높게 평가하여 기획재정부 브리핑에 종종 나오는 Moody's의 평가 기록이다. 1990년 A1 등급에서 1997년 IMF 투기등급인 Ba1까지 하락하였다가 이후 점진적으로 신용등급이 상향된 것을 알 수 있다.

현재 우리나라는 일본보다 높은 국가 신용등급을 보유하고 있다. 2015년 이후로 현재 등급을 계속 유지 중이다.

우리나라 국가신용등급

연도	1986	1990	1997	1997	1997	1999	1999	2002	2007	2010	2012	2015
월.일	11.18	4.04	11.28	12.11	12.21	2.12	12.16	3.28	7.25	4.14	8.27	12.19
신용등급	A2	A1	A3	Baa2	Ba1	Baa3	Baa2	A3	A2	A1	Aa3	Aa2

아래 기획재정부의 브리핑 자료를 통해 선진국들과 개발도상국들의 국가 신용등급을 참고로 살펴보자. 미국, 독일 등 대표 선진국들은 최고 신용등급인 것을 확인할 수 있으며 브라질, 베트남 등의 국가는 BBB(투자등급) 미만인 투기등급인 것을 알 수 있다. 아시아에서 한국보다 높은 신용등급을 가진 국가는 도시국가인 싱가포르 뿐이라는 점도 재미있는 사실이다.

한국의 신용등급은 심지어 영국과 일본보다도 높다.

한국의 국가신용등급이 일본보다 높은 이유는 무엇일까?

조세연구원에 따르면, S&P 국가신용등급의 주요 결정요인은 1인당 GDP, 실질성장률, 소비자물가상승률, 재정수지, 부채비율 등이다.

이를 토대로 한국과 일본을 비교해 보면, 가장 큰 것이 상대적으로 높은 재정건전성이다. 일단 GDP 대비 국가채무 비율이 더 안정적이다. 쉽게 얘기해서 일반회사채로 말하면 부채비율이 낮다.

2022년말 기준 한국의 GDP 대비 부채비율은 46.9%로 262%인 일본에 비해 현저하게 낮다. 한국의 GDP 대비 재정지출 또한 33.87%로 일본의 47.2%보다 낮다. 국가의 빚도 적고, 국가의 총생산규모대비 씀씀이도 적으니 부도위험이 더 낮은 것이다.

주요국[1] 신용등급 비교(기획재정부 보도자료 2023.5)

구분	등급[2]	Moody's	S&P	Fitch
투자등급	AAA (Aaa)	독일, 네덜란드, 덴마크, 노르웨이, 스웨덴, 스위스, 룩셈부르크, 미국, 캐나다, 호주, 뉴질랜드, 싱가포르	독일, 네덜란드, 덴마크, 노르웨이, 스웨덴, 스위스, 룩셈부르크, 리히텐슈타인, 캐나다, 호주,싱가포르	독일, 네덜란드, 덴마크,노르웨이, 스웨덴, 스위스, 룩셈부르크, 미국, 호주, 싱가포르
	AA+ (Aa1)	핀란드, 오스트리아	미국, 핀란드, 홍콩, 대만, 뉴질랜드, 오스트리아	캐나다, 핀란드, 오스트리아(−), 뉴질랜드
	AA+ (Aa2)	한국, 프랑스, 아부다비, 아랍에미리트	한국, 프랑스(−), 아부다비, 벨기에, 영국(−)	프랑스(−), 대만, 아부다비, 마카오
	AA− (Aa3)	영국(−), 벨기에, 체코(−), 홍콩, 마카오, 대만	체코, 아일랜드(+)	한국, 영국(−), 벨기에(−), 아일랜드, 체코(−), 홍콩, 아랍에미리트
	A+ (A1)	일본, 중국, 사우디, 아일랜드(+)	일본, 중국	중국
	A (A2)	폴란드, 칠레	칠레, 스페인	일본, 사우디아라비아(+)
	A− (A3)	말레이시아	말레이시아, 폴란드, 사우디아라비아(+)	스페인, 폴란드, 칠레
	BBB+ (Baa1)	페루(−), 스페인, 태국	필리핀, 태국, 포르투갈	말레이시아, 태국, 포르투갈
	BBB (Baa2)	인도네시아, 필리핀, 포르투갈	이탈리아, 인도네시아, 멕시코, 페루(−)	필리핀(−), 인도네시아, 이탈리아, 페루(−)
	BBB− (Baa3)	인도, 이탈리아(−)	인도	인도, 멕시코
투기등급	BB+ (Ba1)	모로코, 파라과이(+)	모로코, 그리스, 베트남	모로코, 파라과이, 그리스
	BB (Ba2)	브라질, 남아공, 베트남	파라과이	베트남(+)
	BB− (Ba3)	그리스	브라질, 남아공	브라질, 남아공
	B+ (B1)	피지	피지	이집트(−)
	B (B2)	캄보디아(−)	몽골, 이집트, 터키	몽골, 터키(−), 케냐
	B− (B3)	몽골, 터키,이집트	에콰도르, 이라크	에콰도르, 이라크
	CCC+ (Caa1)	이라크	아르헨티나(−), 모잠비크, 우크라이나, 파키스탄	모잠비크
	CCC (Caa2)	모잠비크(+)	에티오피아(−)	
	CCC− (Caa3)	에콰도르, 파키스탄		아르헨티나, 파키스탄
	CC (Ca)	아르헨티나, 벨라루스(−), 스리랑카, 가나, 우크라이나		우크라이나
	C	레바논, 베네수엘라		
	SD/RD		벨라루스, 레바논, 잠비아, 스리랑카, 가나	벨라루스, 레바논, 잠비아, 스리랑카, 가나
	D			

1) 주요국은 G20, ASEAN, PiGS 국가 중심

2) 괄호안 등급은 Moody's 기준 / SD(S&P): Selective Default / RD(Fitch): Restricted Default

3) 국가명 뒤 (−)는 부정적 등급전망, (+) 긍정적 등급 전망

신용등급은 발행자가 가진 채무가 상환 조건대로 상환될 가능성을 분석하여 등급화한 것이다. 신용평가사는 기업을 평가하는 많은 재무적, 비재무적 요소들을 바탕으로 평가한다.

경영환경 분석을 통해 사업내용의 위험수준 및 유형을 파악하고 기업의 경쟁력이 현재와 미래의 수익 창출력 및 영업활동 현금 흐름과 안정성에 미치는 영향을 평가한다. 또한 수익성, 현금 흐름, 재무구조에 대한 평가를 통합하여 기업의 종합적인 채무상환 능력을 평가하고, 여기에 포함되지 않는 환경 요소와 우발적 상황의 대처능력까지 포함한 분석을 한다.

이렇게 다양한 신용위험을 분석하여 평가하니 업종별 통일된 기준으로 볼 수 없다. 업종별로 보는 재무적, 비재무적 요소들을 각각 기준을 정해서 평가한다. 채권을 투자하는 고객의 입장에서 이 모든 것을 알고 투자할 수는 없지만, 신용평가서에서 어떻게 정보를 찾아내고 회사의 위험을 파악할 수 있는지 알아보도록 하자.

2. 신평서, 공시자료 등 활용

(1) 신용평가서 조회와 해석 방법

신용평가사는 각 기업들의 재무적·비재무적 요소들을 바탕으로 기업의 안정성을 평가한다. 경영환경 분석을 통해 사업의 유형과 위험수준을 파악하고 기업의 경쟁력이 현재와 미래의 수익 창출력 및 영업활동 현금 흐름의 안정성에 미치는 영향을 분석한다. 또한, 기업의 종합적인 채무상환 능력을 점검하고, 기타 환경 요소와 우발 상황에 대한 대처 능력까지 포함한 분석을 통해 기업을 평가하고 있다. (그리고 이러한 분석의 결과이자 함축된 표식이 바로 신용등급이다.)

채권을 투자하는 개인투자자 입장에서 이 모든 내용을 직접 파악해서 투자하기에 현실적으로 많은 어려움이 있다. 따라서 지금부터는 신용평가서에서 제공하는 정보를 어떻게 활용하여 회사의 재무 상태 및 상환 능력을 파악할 수 있을지를 알아보도록 하자.

일단 신용평가서를 찾아보자. 아래는 국내 4대 신용평가사의 홈페이지로, 각 홈페이지에 들어가 찾고자 하는 회사의 이름을 검색하면 신용평가사들이 무료로 제공하는 요약 신용평가서를 별도의 로그인 없이도 볼 수 있다. (아주 자세한 Full Report는 상당한 비용을 지불해야 함.)

국내 4대 신용평가사

신용평가사	홈페이지 주소
한국신용평가	http://www.kisrating.com
한국기업평가	http://www.rating.co.kr
NICE신용평가	http://www.nicerating.com
서울신용평가	http://www.scri.co.kr

다음 내용은 NICE신용평가의 홈페이지에서 특정 회사로 검색한 결과이다. 다음 그림과 같이 채권, 후순위채권, 하이브리드 채권, 기업어음증권, 단기사채 등 해당 회사가 발행한 장/단기 채권에 대한 평가 정보를 확인할 수 있다. 재무제표를 비롯한 재무정보는 물론이고, 신용등급의 최근 변화 추이, 평가일자, 발행한 회사채, CP 등의 신용등급을 한 눈에 볼 수 있다.

예시: NICE신용평가에서 ㈜대한항공 검색 시 모습

NICE신용평가 | 기업검색 | 검색

등급공시 ▾ 리서치 ▾ 세미나 · 교육 ▾ Data Center ▾ 평가의뢰 ▾ 평가전문가 ▾

Menu ▾

공시 > 등급검색 > 기업별 검색

기업개요

기업명	대표자	산업분류	형태/규모	계열	결산월
(주)대한항공	조원태/우기홍	항공운송	상장/대기업	한진	12

채권		기업어음		전자단기사채		기업신용등급		보험지급능력	
등급	등급확정일	등급	등급확정일	등급	등급확정일	등급	등급확정일	등급	등급확정일
A-/S	2023.10.27								

Overview | 등급 | 리서치 | 요약재무부표 | 주요재무지표 | 채권발행정보 | BIR(유료) | 재무부표(유료)

등급변동 이력

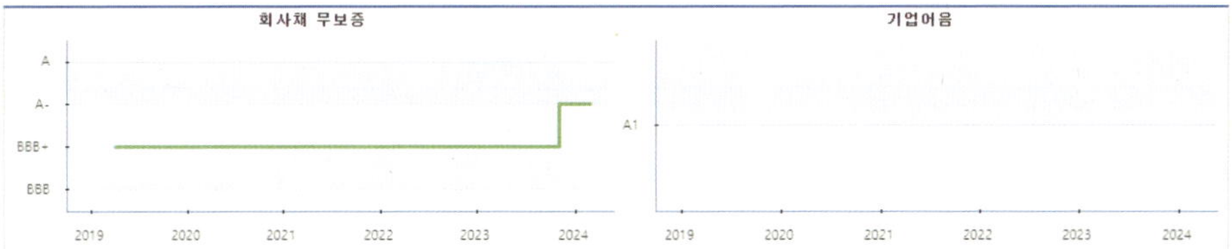

※ 주요 등급내역

평가의견서 | 신용평가보고서 | 재무(Excel)

	직전				현재				리포트
	구분	등급	Outlook	등급확정일	구분	등급	Outlook	등급확정일	
회사채(선순위)	정기	BBB+	긍정적	2023.04.07	수시	A-	안정적	2023.10.27	

※ 스페셜 리포트 [더보기]

제목	작성자	발행일	조회수	File
㈜대한항공, 장기신용등급을 A-/Stable로 상향조정	문아영	2023.10.30	215	
항공사 실적호조 지속 가능한가?	문아영	2023.04.05	836	
대한항공과 아시아나항공의 장기신용등급 등급전망을 각각 Stable로 상향조정	문아영	2022.03.31	490	
대한항공 · 아시아나항공 기업결합 관련 공정위의 조건부 승인 발표 - 통합 관련 불확실성은 제거되었으나, 시너지 창출 제약 예상	문아영, 이강서	2022.02.25	397	
등급변동 요소별 2022년 주요 모니터링 대상 기업 - 32개 Non-Stable 기업별 이슈 사항 정리	안영복	2022.01.17	684	

※ 산업전망 및 산업점검/그룹분석보고서 [더보기]

제목	작성자	발행일	조회수	File
2024 산업전망 - 항공운송 - 우호적 수급환경 기반으로, 팬데믹 이전 대비 개선된 실적 유지 전망	문아영	2023.12.06	271	
한진그룹 - 항공운송부문 중심으로 영업실적 및 재무구조 개선, 대한항공과 아시아나항공 기업결합승인 진행경과가 주요 모니터링 요소	문아영	2022.08.29	473	

NICE신용평가 홈페이지에서 '한진'을 검색하여 신용평가서를 살펴보자. 첫 장에는 채권이름, 등급, 등급추이, 주요 재무지표, 평가 요지 등이 나와 있어서 첫 장이 가장 요긴하게 사용된다.

NICE신용평가의 ㈜대한항공 신용평가서

Corporate

㈜대한항공 Korean Air Lines Co., Ltd.

선임연구원 문아영 02.2014.6354 aymoon@nicerating.com 기업평가3실장 박세영 02.2014.6246 sypark@nicerating.com

평가등급

BBB+/Positive

평가내역		유효등급	
평가대상	제 100-2 회 외 선순위 무보증사채	무보증채권	BBB+/Positive
평가종류	정기평가		
등급확정일	2023.04.07		

PROFILE

구 분	실 적		전 망
사업위험	AA		A
재무위험	A		BBB
전망/기타고려요인	+	0	-
계열관계요인	+	0	-

평가등급 추이

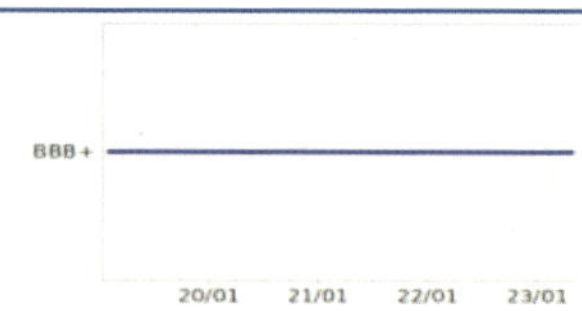

주요 재무지표

단위: 억원

회계기준	K-IFRS	K-IFRS	K-IFRS	K-IFRS	K-IFRS	K-IFRS
재무제표기준	연결	연결	연결	연결	연결	연결
구 분	**2017.12**	**2018.12**	**2019.12**	**2020.12**	**2021.12**	**2022.12**
매출액	120,922	130,116	123,843	76,105	90,168	140,961
당기순이익	8,019	-1,986	-6,228	-2,300	5,788	17,295
EBITDA	26,328	23,656	22,587	20,764	31,133	44,803
잉여현금흐름	5,548	10,511	4,835	2,592	27,939	44,478
자산총계	246,487	255,748	270,141	251,901	266,719	289,977
총차입금	148,453	157,392	170,237	155,379	125,069	111,373
EBIT/매출액(%)	7.8	4.8	1.4	1.4	15.7	20.1
EBITDA/금융비용(배)	5.8	4.3	3.7	4.0	8.0	11.2
총차입금/EBITDA(배)	5.6	6.7	7.5	7.5	4.0	2.5
부채비율(%)	557.1	783.5	871.5	660.6	288.5	212.1
순차입금의존도(%)	55.1	54.7	57.3	54.5	31.5	17.7

현금흐름표 중 이자, 배당수취, 법인세 관련은 영업현금흐름으로, 배당지급은 재무현금흐름으로 분류

주: 2019년, 2020년 수치는 중단사업효과를 반영하여 재작성된 2020년, 2021년 재무제표의 비교공시 수치임

평가 근거

등 급	▪ 국내 1위 대형항공사로서의 우수한 시장지위 ▪ 유상증자, 자구계획 이행, 우수한 자체 현금창출력에 힘입어 재무적 대응력 개선 ▪ 리오프닝 국면 진입으로 국제여객부문 실적 회복 추세 ▪ 아시아나항공 인수에 따른 재무부담 상승 폭은 제한적일 전망 ▪ 고유가, 고환율 등 비우호적 매크로 지표는 수익성에 부담요소
전 망 (Outlook)	▪ 업황 정상화 과정에서 화물 실적 저하에도 불구하고 여객부문의 실적 회복 등을 바탕으로 양호한 이익창출력을 지속하며 개선된 재무안정성을 유지할 수 있을 것으로 전망되는 점을 고려

요약 신용평가서는 10페이지 이내의 분량으로 기업의 신용등급 평가를 어떤 근거로 산출하는지에 대해 요약해서 설명하고 있다. 따라서 이 자료만 간단히 살펴보아도 회사의 전반적인 내용을 쉽게 알 수 있다. 신용평가서는 몇 백 페이지가 넘는 채권의 증권신고서 내용을 간략히 담았다고 할 수 있으니 채권투자 시에 꼭 읽어보는 것을 추천한다.

여러 회사 채권을 급하게 비교해야 한다면, 첫 장에 제시되어 있는 지표를 비교하여 어떤 종목을 투자하는 것이 좋을지 가늠해 보는 것도 한 방법이 될 수 있다. 회사별 매출액, 영업이익, 총차입금, 부채비율 등 다양한 지표들을 비교할 수 있는 것이다.

(2) 기업정보의 요람, 전자공시시스템(Dart)

금융감독원의 전자공시시스템 'Dart'는 금융감독원에서 기업들에게 요구하는 정보와 문서들 중 투자자들에게 공시가 가능한 정보를 모두 담고 있는 '기업정보의 요람'이다.

회사채 발행과 관련하여, 해당 채권의 가장 많은 정보가 있는 자료는 바로 발행 시에 공시되는 증권투자설명서이다.

해당 채권의 기본적인 발행정보부터, 다양한 위험요소와 회사의 재무정보까지 두꺼운 투자설명서에 모두 들어있다. 물론 채권투자를 위해 이러한 복잡한 자료를 모두 읽을 필요는 없지만, 신용평가서로 부족한 정보를 추가적으로 찾고자 하는 투자자라면 한 번쯤 방문해서 자료를 찾아 보는 것을 강력히 추천한다.

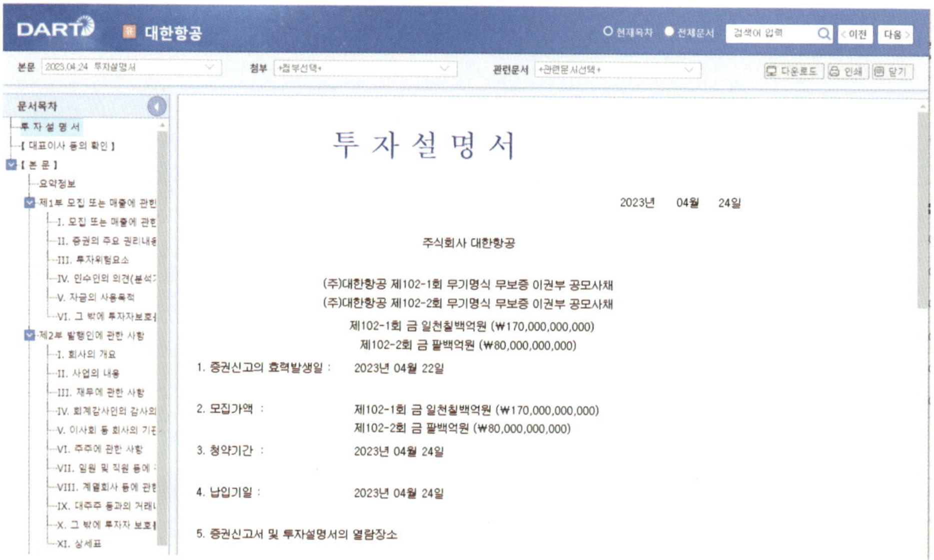

(3) 이슈가 있는 채권에 대한 접근

단순히 위에서 언급한 재무제표 확인으로 모든 기업의 부도위험을 피할 수는 없다. 심지어 크레딧 애널리스트들이나 채권 운용 매니저들도 일부 채권의 부도를 예상하지 못했다. 언급한 지표들은 회사채 투자자의 입장에서 대표적으로 봐야 하는 필수 지표들로서, 회사의 현재 재무건전성을 살펴보는 최소 기준은 될 수 있을 것이다. 이를 바탕으로 각자 나름의 판단 기준을 세워보는 것도 큰 의미가 있을 것이다.

다소 안타깝게도, 부도 위험을 측정함에 있어 계량적 지표만으로는 큰 한계가 있다. 특히 대기업 집단에 속한 회사일수록 더욱 다양한 시나리오가 펼쳐진다. 따라서 이러한 관점도 제기되고 있음을 참고해 둘 필요가 있다.

(4) 증권사 제공자료

이 외에 채권시장에 대한 더 풍부한 정보와 의견을 보고자 한다며, 증권사의 홈페이지를 둘러보는 것도 좋다. 힘들게 증권사 홈페이지를 찾기보다는 구글 검색창에 '증권사 리서치'라고 치면, 여러 증권사의 리서치자료들이 올라와 있는 웹페이지로 바로 이동할 수 있다. 다만, 대부분 증권사들이 리서치자료 다운로드를 위해서는 로그인을 해야 하는 단점이 있다.

2023년 6월 기준으로 로그인 없이 자료를 볼 수 있는 증권사 리서치 웹사이트 목록은 아래와 같다.

- 미래에셋증권
- 신한투자증권
- 교보증권리서치

제Ⅱ부 실전편

1. 채권투자 실전 상세 안내

우리가 주식을 투자할 때 일반적으로는 코스피나 코스닥 시장에 상장되어 있는 주식을 거래하는 경우가 대부분이다. 비상장 주식을 투자하는 경우도 있지만 상장 주식보다는 극히 드물 것이다.

채권도 주식처럼 거래소를 통해서 매매할 수도 있고, 비상장주식처럼 거래소를 통하지 않고 장외로 매매할 수도 있다. 다만 주식 투자와는 반대로 대부분의 거래가 장외에서 이루어지고, 상장된 종목에 한해서 거래소를 통한 장내매매를 할 수 있다. 이는 채권의 특성 때문이다.

주식은 A라는 회사의 주식이 유상증자나 주식배당 등으로 나중에 새로 발행되어 늘어나더라도 모두 동일한 A 회사의 주식이지만, 채권은 A라는 회사가 발행할 때마다 완전히 다른 종류의 채권이기 때문이다.

채권투자 시에 일반적으로 회사 이름 뒤에 순번이 붙는데 채권을 많이 발행하는 회사의 경우는 몇 백번까지 붙는 경우도 있다. 이렇게 개별 채권의 발행 금액과 금리, 만기기간 등의 조건이 각각 다르다는 특성 또한 주식보다 채권의 유동성이 크게 떨어지는 이유이다.

따라서 우리가 일반적으로 채권투자라고 하면 대부분은 증권사가 중개하는 선별된 채권을 사는 경우가 많다고 볼 수 있다. 하지만, 최근에는 개인들의 채권투자가 활발해지면서 증권사가 취급하는 채권 이외 채권을 매매하고 싶은 투자자가 많아 장내 채권 거래량이 상당히 늘었다.

이번 챕터에서는 실제로 증권사의 어플리케이션에서 채권을 매매하는 방법을 상세히 살펴보겠다. 증권사별로 화면 구성은 다를 수 있지만 기본적인 내용은 비슷하다고 볼 수 있다.

1. 장내 채권

(1) 장내 시장 구분

먼저 장내 채권을 살펴보자. 장내 채권을 보면 소액채권과 일반채권으로 구분되어 있다. 일반채권은 다시 일반채권과 주식관련채권으로 구분된다. 우리가 일반적으로 매수하는 채권은 일반채권이기 때문에 일반채권을 매매하는 방법을 알아보자.

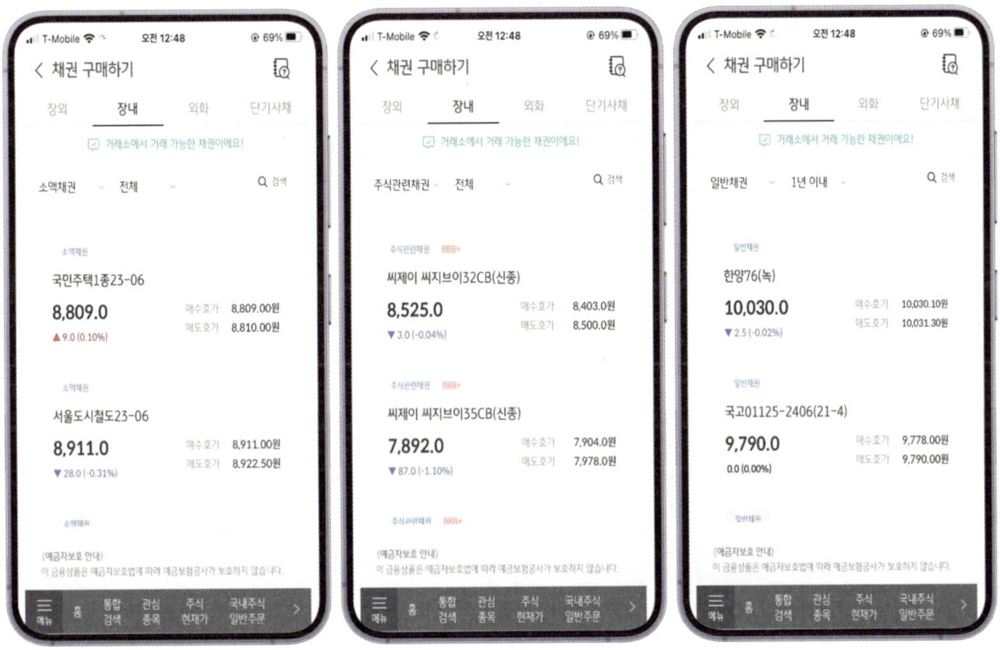

(2) 종목검색

앞서 설명한대로 공모사채는 모두 상장되어 있지만, 실제로 거래소에서 모두 호가가 보이면서 거래되지는 않는다. 내가 매수하고 싶은 회사의 채권이 거래되고 있는지 먼저 찾아보도록 하자. 실제로 개인들이 많이 매수하는 '삼척블루파워' 채권을 검색해 보자.

(3) 호가창 확인

'삼척블루파워5'를 클릭해보니 주식처럼 매수 매도 호가창을 볼 수 있다. 해당 종목은 매수/매도 호가가 있어서 장내에서 거래를 할 수 있는 종목이다.

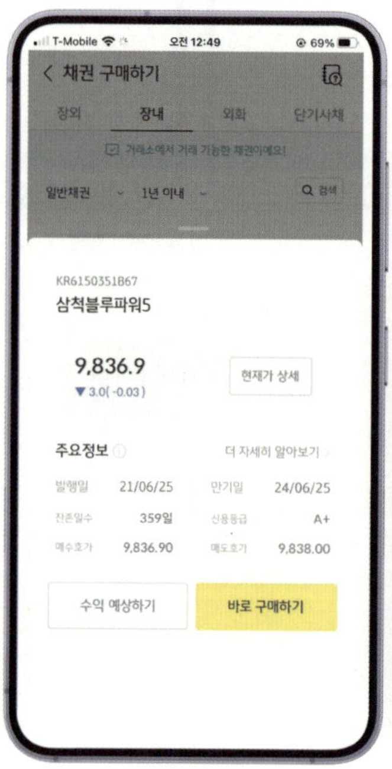

(4) 채권정보 확인

이제 이 채권의 상세한 정보를 살펴보자. 어떤 채권인지 발행금리, 만기 이표주기, 신용등급 등 상세한 내용을 확인할 수 있다.

(5) 채권현금 흐름 파악

채권의 가장 큰 장점은 매수하는 순간 만기때까지 현금 흐름이 확정된다는 사실이다. 호가창에서 확인한 가격으로 내가 실제로 매수했을 때 이자가 언제 얼마가 나오며 만기에 얼마를 받을 수 있는지 쉽게 확인할 수 있다. 증권사마다 형태는 다르지만 채권현금 흐름표를 제공하고 있어 쉽게 확인할 수 있다.

채권의 현금 흐름을 계산할 때 주의해야 할 것이 몇 가지가 있다. 수익률과 단가, 그리고 수량과 금액의 차이이다. 앞서 채권의 금리는 채권의 가격이라고 설명했었다. 채권의 만기와 표면금리, 이자주기의 정보를 알면 특정일의 단가를 계산할 수 있고, 수익률을 알면 단가를 알 수 있다. 수익률과 단가 둘 중 하나를 알면 되는 것이다. 장내 호가창에 사고자 하는 채권의 가격은 매매금리 입력보다는 단가입력창이 기본값이니 단가창에 원하는 단가를 입력하자. 또한 실제로 채권을 매수하는 사이즈의 기준이 수량기준인지 금액기준인지도 매우 중요하다. 채권은 발행할 때 10,000원으로 발행하여 이후 발행금리보다 금리가 오르면 단가가 떨어지고, 발행금리보다 금리가 내리면 단가가 올라간다. 또한 경과이자 때문에 수량과 금액이 일치하지 않는다. 채권을 매수할 때 단가×수량(천)/10으로 계산하면 실제 투자하는 금액을 알 수 있다.

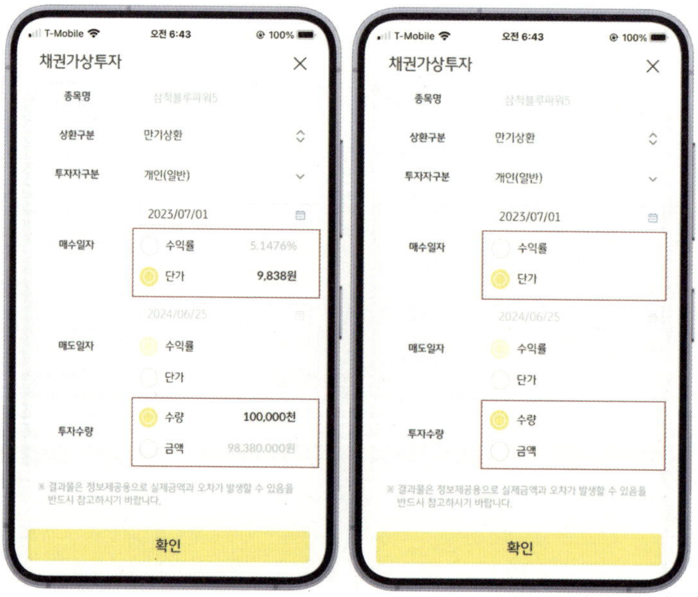

이와 같이 단가와 수량을 입력하면 다음과 같이 현금 흐름표를 확인할 수 있다. 만기 이전에 매 이자일마다 수령하는 세전/세후 이자와 만기 원리금을 모두 손쉽게 확인할 수 있다. 또한 매도하는 경우도 이자수익이나 매매손익 등도 쉽게 알 수 있다.

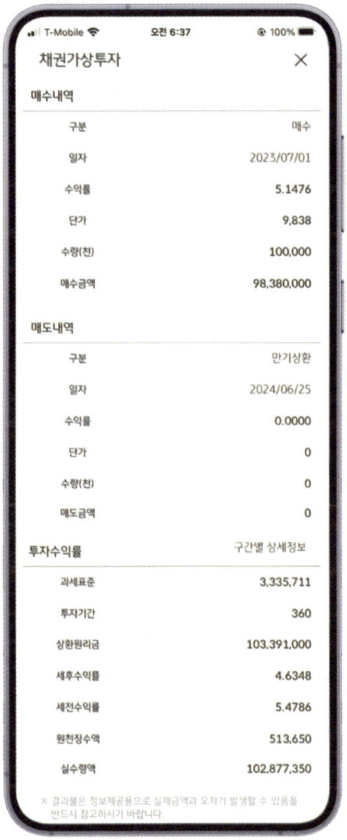

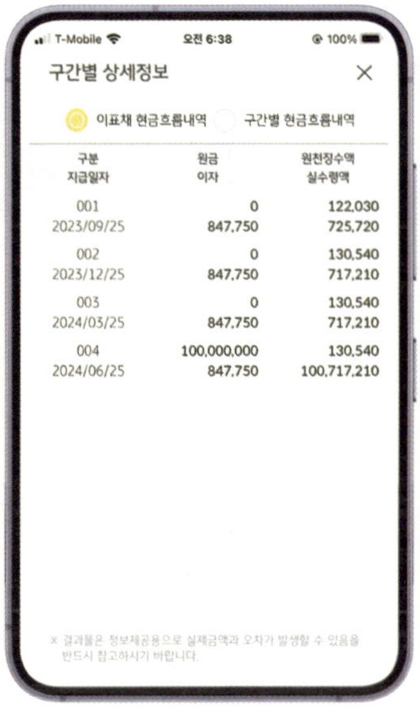

2. 장외 채권

장외 채권은 거래소에서 거래되지 않는 모든 채권거래를 의미한다. 개인이 특정 증권사에서 장외 채권을 매수한다면 그 증권사가 보유하는 채권이나 중개하는 채권을 거래하는 것이다. 거래하는 증권사별로 보유하고 있거나 중개하는 채권의 종류가 다양하기 때문에 채권매수 시 해당 증권사의 보유종목들을 잘 확인하기 바란다.

(1) 일반채권

개인들이 일반적으로 회사채를 많이 매수하지만, 국채나 공사채도 거래를 하기도 한다. 장외 채권의 가격은 거래하는 증권사가 정하는 것으로 같은 채권이라도 증권사별로 장외거래 시의 가격은 다를 수가 있다.

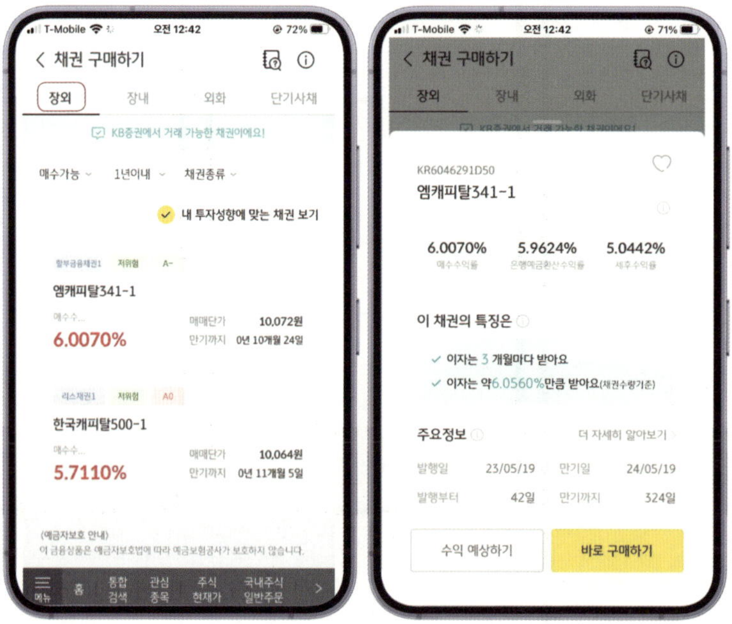

(2) 단기사채

단기사채는 법적으로 수량기준 1억 원 이상만 거래되는 상품이다. 증권신고서 면제를 위해서는 만기가 3개월 이내여야 하기 때문에 만기가 짧은 상품이다. 짧은 만기지만 상대적으로 고금리를 제공하는 상품으로 개인들이 단기로 자금을 운용할 때 많이 이용하는 상품이다.

단기사채 또한 매일 새로운 종목이 발행되고 상환되기에 증권사별로 보유하고 있는 종목과 수량이 모두 다르다.

다음은 K증권에서 조회할 수 있는 단기사채 종목들이다.

종목 조회하기

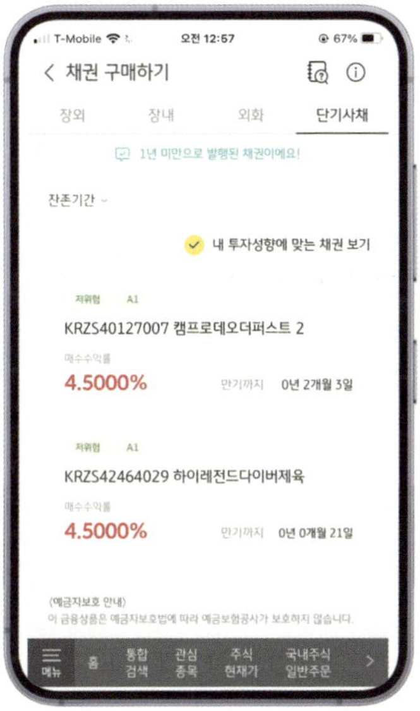

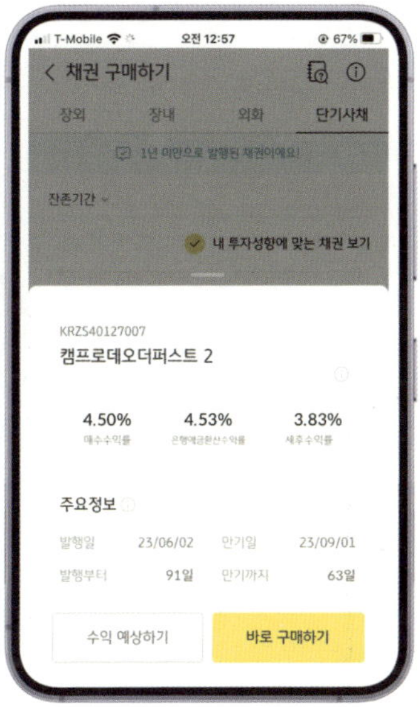

수익 예상하기

본 화면에서 조회한 단기사채는 할인채이기 때문에 만기 이전에 이자와 같은 현금 흐름이 없다는 것을 알 수 있다.

단기사채 매수

단기사채 매수를 누르면 해당 단기사채(전자단기사채) 매수와 관련된 정보들이 나오게 되고 이를 참고하여 매수할 수 있다.

(3) 외화채권

달러자산에 대한 관심이 커지면서 외화채권을 라인업하는 증권사들이 늘어나고 있다. 외화채권의 경우 환율변동에 따른 위험 고지의무, 원화채권대비 보유의 한계 등으로 비대면보다는 지점에 문의할 경우 다양한 외화채권을 매수할 수 있으니 외화채권에 관심을 가진다면 지점 방문을 권유한다.

거래 가능 종목 확인

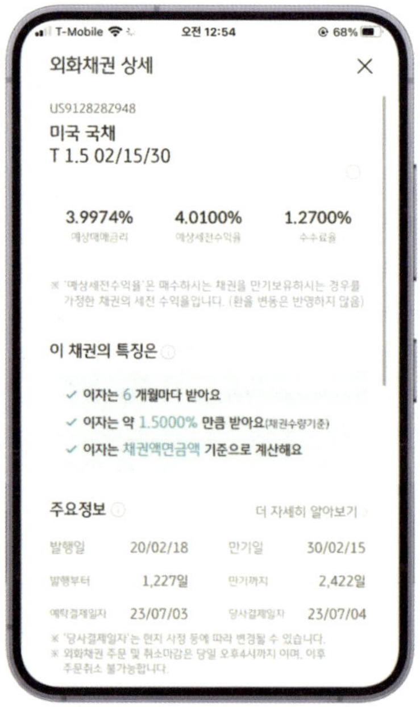

채권종목 파악

미국채는 가장 안정적인 종목으로 국제신용등급 기준 Aaa(Moody's 기준) 등급의 종목이다. 유동성 또한 풍부하여 외화채권으로 가장 많이 거래되는 종목 중의 하나이다. 외화채권을 살 때는 증권사에 따라 원화로 살 수 있는 경우도 있으나 보통 환전수수료가 비싼 경우가 많으니 되도록 달러 채권은 달러로 사도록 하자.

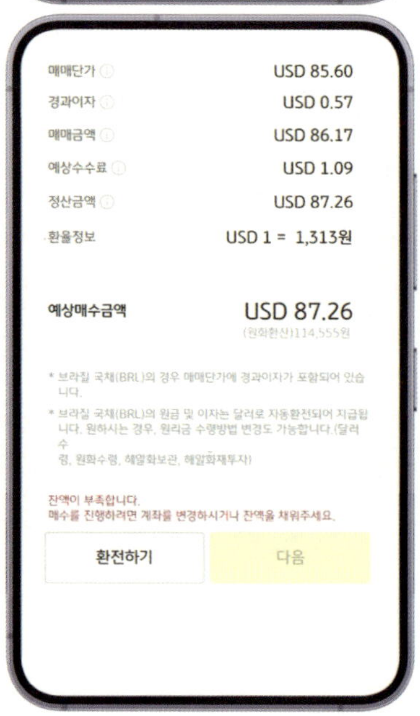

2. 채권투자 현금 흐름

1. 실제 채권의 현금 흐름 예시

(1) 한국전력공사 채권 기본정보

한국증권예탁원에서 제공하는 아래의 채권을 예를 들어 살펴보자.

한국전력공사는 AAA급의 아주 우량한 공기업이다. 하지만 이 아래의 채권이 발행되는 2022년 말은 미국의 기준금리 인상과 강원도 레고랜드 사태로 금융시장이 불안정한 상황 속에 우크라이나 러시아 전쟁으로 에너지 수급이 어렵고, 정치적 이슈로 전기료 인상을 못하는 악재가 가득했다. 이 와중에 채권을 발행하여 조달한 자금으로 전기를 생산해야 하니 한전채(한국전력공사채의 준말) 금리는 6.00% 직전에 달한 5.99%를 기록했다.

기본정보

발행인	한국전력공사	업종(표준산업분류)	전기업
발행일	2022/11/08	만기일	2025/11/08
이자지급방식	고정-이표	표면이율	5.99%
보증/무보증	무보증	선후순위 구분	선순위
콜/풋옵션	옵션해당사항없음	주식관련 옵션	주식관련 해당사항없음
발행금액	30,000,000,000	발행가액	30,000,000,000
발행잔액	30,000,000,000	공모/사모	공모
상장일	20221205	과세	과세
원금상환방법	만기상환	Strips가능 여부	STRIPS 해당사항없음
Strips 관련 채권	해당사항없음	물가연동 여부	해당사항없음
자산유동화 구분		원리금지급기관/지점	농협은행/ 나주혁신도시
자금용도		발행형태	전자증권
발행대리인(주간사)		인수기관	

보증기관		사채관리회사	
권리행사주체	KSD	이자산정방식	정형
이자지급방식	이표채	이자지급주기	6개월
차기이표일	20231108	직전이표일	20230508
은행휴일 지급방법	직후영업일	법정휴무일 지급방법	null data
이자선후급 구분	후급	경과이자 지급여부	미지급/ 해당사항없음

이 채권은 1년에 이자를 2번 주는 6개월 이표채로, 첫 이자는 2023년 5월 8일 채권 액면 1만 원당 299.5원씩 지급되었다. 다음 번 이자는 6개월 후인 2023년 11월 8일 액면 1만 원당 299.5원씩 지급되어 연 5.99% 이자가 지급될 것이다. 2022년 금융 혼란기 속에 이 채권을 발행가격보다 할인된 가격으로 액면 1억 원을 현금 9,000만 원에 샀거나 반면 레고랜드발 금융시장 불안정 사태가 진정되고 안정화된 2023년 초에 1억 2,000만 원으로 비싸게 샀던 것과는 상관없이 채권 이자는 정확하게 액면금액 곱하기 해당 회차의 쿠폰금리(표면금리)만큼 나온다.

(2) 조건별 현금 흐름표

계속해서 해당 채권 액면금액을 서로 다른 금리(가격)으로 1억 원 어치를 샀을 때를 비교해 보도록 하자.

발행 당일 발행금리로 매수 시 현금 흐름표

채권단가	10,000	세전총수익률	17.97%	은행환산총수익률	17.97%	세후총수익률	15.20%
매매수익률(r)	5.9900%	세전수익률(연)	5.98%	은행환산수익률(연)	5.98%	세후수익률(연)	5.06%

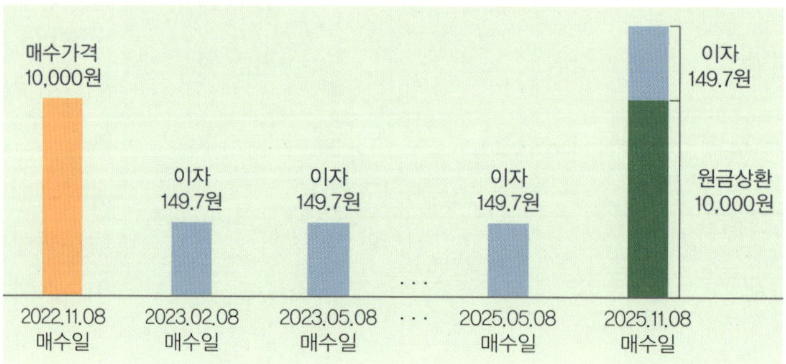

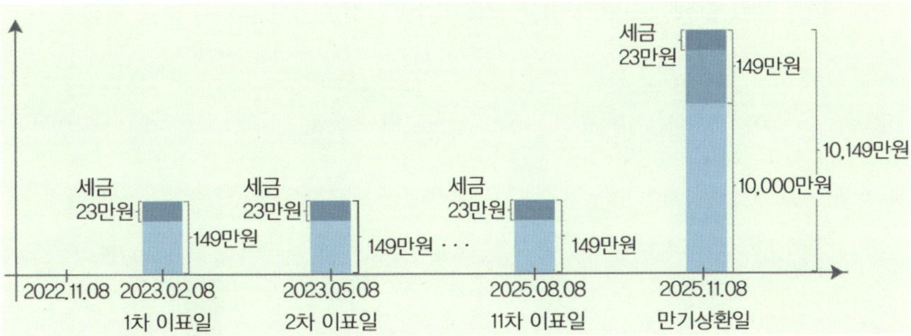

상기 현금 흐름에서 보듯, 발행금리로 매수 즉 발행가격으로 매수했을 때의 현금 흐름에 따른 세전 총수익률은 5.99%의 3년간 수익률인 17.97%이다.

발행 당일 발행금리보다 낮은 금리(높은 가격)으로 매수 시 현금 흐름표

채권단가	10,274	세전총수익률	14.82%	은행환산총수익률	14.34%	세후총수익률	12.13%
매매수익률(r)	5.0000%	세전수익률(연)	4.94%	은행환산수익률(연)	4.78%	세후수익률(연)	4.04%

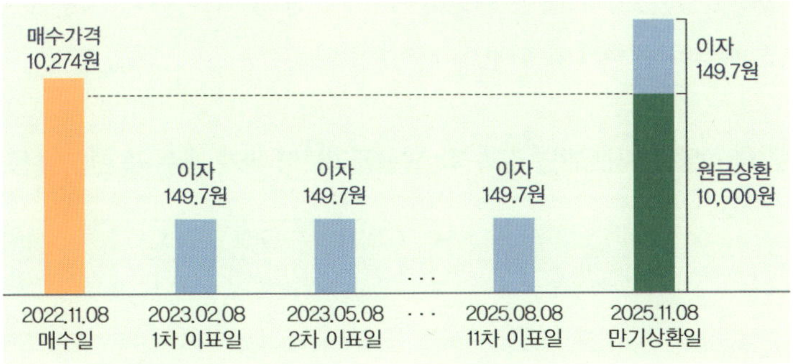

발행일에 내가 발행가격인 10,000원보다 비싼 10,274원으로 채권을 샀다면 나의 기대수익은 낮아지게 된다. 왜냐하면 현금 흐름은 동일하지만 내가 산 매수원금이 비싸기 때문에 만기에 내가 비싸게 산 부분만큼 원금 상환분에 손해가 발생하는 셈이다.

발행 당일 발행금리보다 높은 금리(낮은 가격)으로 매수 시 현금 흐름

채권단가	9,862	세전총수익률	19.62%	은행환산총수익율	19.88%	세후총수익률	16.81%
매매수익률(r)	6.5000%	세전수익률(연)	6.53%	은행환산수익률(연)	6.62%	세후수익률(연)	5.60%

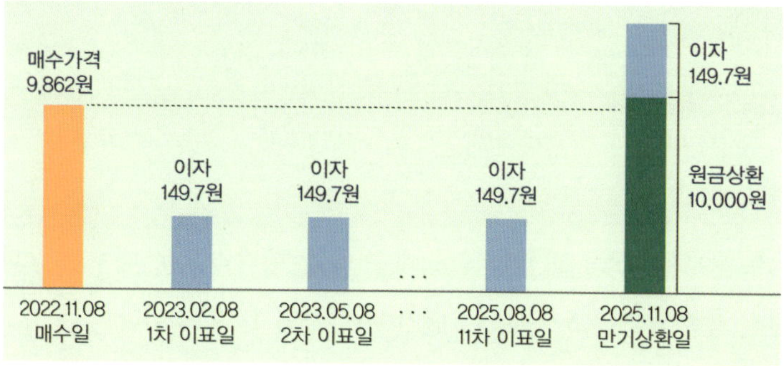

마침 좋은 기회가 와서 내가 이 채권을 싸게 살 수 있었다고 하더라도 현금 흐름은 마찬가지이다. 내가 액면 1억 원 어치의 채권을 싼 가격으로 사서 1억 원이 안되는 9,862만 원으로 샀을 뿐이지 채권 액면금액을 더 산 것이 아니기 때문에 현금 흐름은 다른 가격으로 매수한 액면 1억 원보다 더 크지 않다.

발행 후 상당한 시간(반년 경과 후) 발행금리보다 싸게 매수 시 현금 흐름표

채권단가	9,883	세전총수익률	16.34%	은행환산총수익률	16.55%	세후총수익률	14.00%
매매수익률(r)	6.5000%	세전수익률(연)	6.52%	은행환산수익률(연)	6.60%	세후수익률(연)	5.59%

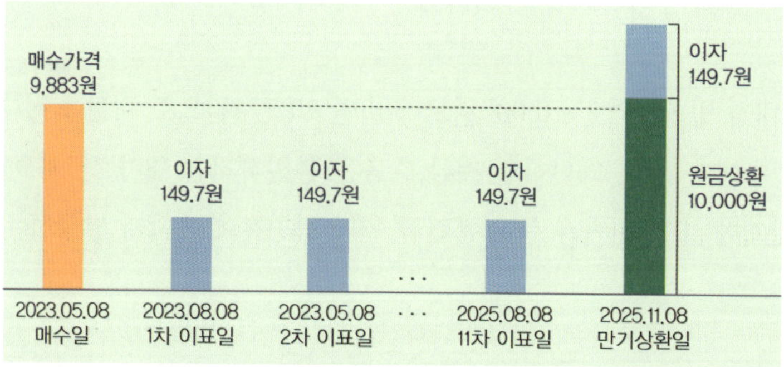

발행일이 지나서 이자를 주는 회차가 여러 번 지난 반년 후에 샀다고 가정해 보자. 하지만 다른 6.50%로 매수했던 경우와 비교해서 연수익률 비교 시 차이가 없다.

다만 이자를 지급 받는 회차가 2회차가 경과해 있기 때문에 그만큼 채권의 투자기간이 짧아져서 현금 흐름 절대금액이 작아진 것이지 손해가 발생하거나 이익이 생기는 것이 없다.

이자는 매일 발행금리의 하루치가 발생할 뿐, 내가 사는 가격은 내가 받는 이자에 영향을 끼치지 않는다. 같은 논리로, 이자를 주기 직전일날 사거나 이자를 준 직후에 채권을 매수한다고 해서 별다른 이익이나 손해가 있지도 않다는 점을 명심하자.

3. 채권투자전략

채권투자를 금융기관 직원의 안내 또는 본인의 판단하에 샀다면 이미 절반은 성공한 것과 같다. 하지만 만기까지 기다리기만 하면 되는 예금과 달리 채권을 매수하고 전략에 따라 수익을 더 높일 수 있다. 손실 가능성을 감안한 적극적인 트레이딩 전략으로 기대수익률을 극대화하거나 아니면 안정적으로 추가적인 리스크를 짊어지지 않고도 수익률을 제고하는 동일 크레딧 수익률 곡선타기 같은 방법도 있다. 가장 인기있는 방법으로는 투자시점에 기대했던 수익을 그대로 확보하는 만기보유전략도 있다.

혹은 채권투자를 하기 이전에 경제상황을 예측하고 금리가 상승할 것으로 보고 처음부터 단기채나 변동금리 채권을 사거나 반대로 시중금리가 하락할 것으로 예상하여 만기가 긴 채권을 사서 기대수익을 높일 수도 있다. 하지만 가장 중요한 전략은 바로 어떤 채권을 사느냐이다.

채권투자에는 여러 이유가 있지만 가장 많은 투자 목적이 채권투자로 발생하는 현금흐름을 얻기 위해서 투자하는 것이다. 불확실성에 투자해서 수익을 얻고자 하는 다른 상품과는 달리 채권은 투자 시점에 기대수익이 사실상 확정된다.

따라서 금융기관의 채권딜러나 펀드매니저들도 단기적으로 불확실성에 베팅하여 채권을 사고 팔며 트레이딩 하기보다는 특별한 이벤트가 없는 이상 캐리수익. 즉, 채권을 보유하여 매일매일 안정적으로 기대했던 이자수익을 얻는 전략을 가장 선호한다. 채권투자에 있어서 대표성을 가진 아래 몇 가지 채권을 통해 해당 종목으로 가능한 전략에 대해 알아보자.

1. 은행 및 금융지주 영구채 투자전략

모르는 사람에게 돈을 빌려주고 이자를 받는 것은 어떠냐고 물으면 열에 아홉은 싫다고 한다. 하지만 금융기관인 은행에 내 예금을 맡겨 은행이 모르는 사람에게 대출을 해주고 이자를 받아 나에게 예금이자를 주는 비지니스는 어떠냐고 물으면 대부분의 사람들이 괜찮아 보인다고 답한다. 예금은 나라에서 정해진 금액(2023년 6월 기준 오천만 원) 보장도 해주기 때문이며 은행의 시장지위나 전문성을 신뢰하기 때문이다.

그렇다면 은행이 발행한 채권은 어떨까? 종종 어떤 이들은 이들 은행이 발행한 채권은 은행이 망하면 돈 떼이는 것 아니냐며 겁을 낸다. 하지만 냉정하게 생각해보면 예금보험공사에서 보장해 주는 오천만 원을 초과하는 예금분은 채권과 같은 위험을 지니고 있다. 은행은 예금으로 받은 돈과 채권으로 조달한 돈으로 대출이나 투자 등을 통해 돈을 버는데 금융비용(이자비용)이 낮은 예금이 은행에게 가장 유리하다.

그럼에도 이들 은행이 고리의 이자를 감수하고 영구채를 발행하기도 하는데, 영구채는 채권이지만 만기가 없어 자본의 속성을 지니고 있기 때문이다. 하지만 만기가 없어 회수가 어렵기 때문에 대부분 콜옵션을 붙여서 발행사에서 조기상환을 해준다.

시중 금리가 채권 발행시기보다 높아지면 콜옵션을 행사하지 않는 것이 은행입장에서는 이자 등 금융비용을 아낄 수 있지만, 그럴 경우 앞으로 투자자들은 영구채 투자를 하지 않을 가능성이 높다 보니 영구채 발행사 중 금융시장에 대한 이해도가 높은 은행 및 금융지주들은 콜옵션 행사가 일반적이다.

우선, 영구채의 특성상 해당 채권의 리스크를 각오하고 사는 투자자들은 최소한 콜옵션 행사일 또는 최악의 경우 영원히 투자하는 것을 감수 가능하기 때문에 중도매도가 잘 없다. 영구채는 채권인수를 하는 증권사도 매출 가능한 수량만 계산해서 수요와 인수물량을 매칭하기 때문에 발행초기 충분한 물량이 있을 때 사지 않는다면 나중에 사고 싶어도 기회가 없을 수 있다.

또한 영구채의 등급은 보통의 회사채보다 두 단계 등급이 낮다. 이때의 등급이 투자 가능한 등급이라면 문제가 없지만, 투기등급 직전이라면 기관 투자자들은 기피하는 경향이 높다. 만약 이슈가 발생하여 등급하락이 될 경우 투기등급의 영구채를 보유하고 있다면 금감원 등에 보고할 때 리스크값의 수치가 급격하게 증가하기 때문이다. 따라서, 영구채는 대부분 금리가 비슷한 경향이 있지만 등급을 꼭 따져보고 사지 말아야 할 채권은 사지 말도록 하자.

마지막으로, 개인투자자라면 영구채를 살 때만큼은 복잡한 서류작업을 피하고 간단하게 매수할 수 있는 전문투자자 자격을 얻은 투자자라 하더라도, 일반투자자로서 투자하도록 하자.

만약의 경우이지만 최악의 사태를 가정했을 때 참고할 만한 사례가 있다. 미국 실리콘밸리의 지역은행인 SVB(실리콘 밸리 은행, Silicon Valley Bank)가 갑작스런 유동성 문제로 파산했을 때, 미국정부에서는 SVB은행의 예금가입자들을 금액에 상관없이 무조건적으로 구제해 주었고, 채권 투자자는 개인에 한해 구제해 주었다.

스위스 은행으로 전 세계에서 인지도가 높던 크레딧 스위스 금융그룹도 디폴트가 발생하자 정치적인 이유로 코코본드 등 신종자본증권형 채권(영구채) 투자자보다 주식 투자자를 우선시하여 구제해 주는 프로세스를 발표하여 문제가 되었다. 크레딧스위스의 코코본드를 주식으로 전환하면 소액 주주가 늘어나면서 빠른 해결이 어려워진다고 정부에서 판단하여 채권을 일괄적으로 강제 소각 처리해 손실을 주주보다 먼저 떠안게 하였다.

이 경우에도 전문투자자 자격이 아닌 개인들은 추후 구제조치가 이루어졌다. 따라서 영구채를 투자할 때는 해당 리스크에 대해 이해를 잘하고 투자해야 하며, 자신을 보호하기 위해서는 일반인 투자자 자격으로 투자하거나 직접투자보다는 전문가에게 위탁하여 투자하는 전략을 추천한다.

해외만 이러한 이슈가 있었던 것이 아니라 국내회사의 경우도 이슈가 발생한 적 있다. 아래 소개되는 케이스를 참고하도록 하자.

2009년 우리은행은 2004년 발행한 10년 만기 해외 후순위채권 4억 달러에 대한 콜옵션을 행사하지 않았다. 악화된 국내외 금융시장으로 인해 콜옵션 행사에 따른 외화자금조달이 쉽지 않아 콜옵션을 행사하지 않는 것이 낫겠다는 판단을 하였지만, 국내 은행채의 단순한 외화 원리금 지급 정도로 이해하던 국내 투자자들에게 큰 충격을 주며 투자자들이 원화채권에도 투자하지 않으려고 하며 우리은행에 대한 기관들의 불신과 실망이 커졌다.

우리은행은 신뢰 저하와 투자자들의 불만을 고려하여, 2개월 후 중도상환권을 행사하지 않은 후순위채를 새로운 후순위채로 교환 발행하여 신용평가사들의 기준에 맞는 조치를 취했다. 우리은행으로 인해 불거진 은행권의 평판 리스크로 신한은행 및 기업은행, 농협 등은 모두 콜옵션을 즉각 행사하였고 한동안 우리은행은 이로 인해 다른 은행채 대비 외면 받으며 저평가가 지속되었다.

2. 정량적으로 우수하지만 소외된 고금리 회사채(삼척블루파워 예시)

석탄발전을 하는 삼척블루파워(신평 등급: A+) 채권은 최근 발행금리가 7% 수준인 고금리 채권이다. 이 채권보다 등급이 낮은 채권이나 사람들이 기피하는 업종인 건설사 채권도 이보다는 금리가 낮다. 영업기반과 재무구조가 탄탄하기로 유명한 포스코 그룹의 계열사이다. 그런데 왜 발행금리가 유독 높고 기관투자자들이 눈치만 보고 투자하지 못할까? 이유는 바로 석탄발전, 즉 공해산업을 영위하는 회사이기 때문이다.

대기오염물질을 많이 생성하는 석탄발전을 하는 이곳은 ESG 이슈로 수요예측에서 기관투자자들의 입찰이 전혀 없었다. 오롯이 개인 투자자들이나 일반법인의 투자만 받아야 해서 금리가 높게 형성되었다. 2021년 이후 4회차 발행할 동안 기관투자자의 참여가 없었는데, 이는 높은 금리에도 불구하고 석탄을 사용하는 공해산업과 이미지가 연관될까 우려에서 처음부터 투자를 자발적으로 금지한 것이었다. 다급해진 발행사와 주관을 맡은 증권사에서는 대형기관들을 돌며 적극적으로 IR활동을 벌였다.

회사의 재무상황이나 향후 친환경 발전이 가능한 체계전환이 완료되는 시점에는 석탄발전을 최소화하겠다는 자금사용계획에도 불구하고 기관투자자의 자금은 없었다. 당장 브랜드 평판이나 ESG이슈로 문제가 생기는 것을 피해야 하기 때문에 해당 채권의 매력적인 고금리는 전혀 고려대상이 아니었다.

투자에 있어서 가장 중요한 것은 무엇일까? 법적으로 준수해야 하는 조항을 제외하면 결국은 수익성이다. 그런데 정량적 분석을 통하면 리스크 대비 높은 수익이 기대되는 경쟁력을 갖췄음에도 기관들의 외면을 받은 것은 환경단체들의 역할이 컸다.

대표적으로 탈석탄네트워크 단체는 2020년부터 증권사들의 석탄투자 중단을 요구하는 활동을 이어오고 있다. 현재 대부분 증권사들은 이 같은 지적을 수용하고 직접 고객사에 매출보다는 장내 매각 등 방법을 통해 물량을 판매하였다. 기관들 입장에서는 작은 금전적인 이익보다 자사의 ESG이슈 같은 리스크 비용이 더 크게 느껴졌기 때문이다. 하지만 수익성, 재무적 요인으로 보면 해당 채권은 같은 등급의 어떤 기업보다도 높은 금리를 제공하고 있었다.

즉, 삼척블루파워 회사채는 석탄발전을 하는 회사의 채권으로, 환경문제와 관련하여 환경단체들로부터 비판을 받고 있어 울며 겨자 먹기로 가격을 싸게, 즉 금리를 높게 제공하고 있다. 환경문제에 대한 개인적인 호불호나 신념과는 별개로 생각해 보면 강원도 삼척은 발전을 하기 위한 에너지 자원 수급면에서는 가스, 풍력, 원자력보다 석탄 등을 사용할 수밖에 없는 부분도 있다. 해당 채권을 발행한 회사에서는 이 자금을 통해 지역에 전기를 공급하고 지역민들을 고용하여 지역경제에 큰 역할을 하는 부분도 있다. 만약 이 업체가 문을 닫게 된다면 전력손실을 감수하고 멀리서 전기를 가져와야 한다.

독자들은 본 케이스를 통해 채권의 가격이 반드시 시장금리와 신용등급에 따라서 결정되는 것은 아니라는 것을 알게 되었다.

KIS신용평가(한국신용평가)에 따르면, 삼척블루파워는 2021년 AA-에서 A+ 등급으로 신용등급이 하향 조정되었다.

KIS신용평가의 2023.05.31 신용등급 평가서를 보면서 상황을 살펴보자.

한국신용평가는 정기평가를 통해 삼척블루파워㈜(이하 '동사')의 제5회 외 무보증사채 신용등급을 A+/안정적으로 유지한다. 동 신용등급은 자체신용도와 동일하며, 주요 평가요소는 다음과 같다.

- 유연탄 기반의 원가경쟁력과 기저발전원으로서의 중요성
- 현재 정산조정계수 제도 하에서의 안정적인 사업구조
- 탄소중립 및 에너지전환 정책, 송전제약 등에 따른 사업변동성
- 금융시장의 탈석탄 기조로 저하된 자본시장 접근성

Outlook- 안정적

현재 시점에서 예상되는 상업가동 이후의 사업기반, 수익성, 재무구조 등을 감안할 때 동사의 신용등급 전망은 안정적이다.

▎주요 등급논리

현재의 정산조정계수 제도 하에서 안정적인 사업기반을 확보하고 있다.

동사는 민간석탄화력발전 사업자로 삼척석탄화력발전소(1,050MWX2기)를 건설하여 (2023년 4월 말 종합공정률 기준 약 88%)하고 있다. 신규 석탄발전기가 노후 석탄발전설비 대비 대기오염물질 배출량이 적고, 원료비가 저렴한 발전원으로서 기저발전을 담당하는 점을 감안할 때, 동사가 건설중인 발전설비는 향후 전력 Mix 상 중요성이 안정된다.

동사를 비롯한 민간석탄발전사들은 적정 투자보수율을 감안하여 총괄원가를 보상하는 정산조정계수 방식으로 정산 될 예정이다. 현재의 정산조정계수 제도 하에서는 전력거래소 비용평가위원회가 인정한 투자비에 대한 적정 투자수익과 표준 범위 내에서 발생한 운영 비용에 대한 원가 보상이 가능하다.

탄소중립 및 에너지전환 정책, 송전제약 등에 따른 사업변동성이 내재하고 있다.
현재의 건설 공정 진행 상황을 감안하면 당초 계획된 일정에 따른 발전소 준공 및 상업가동에는 큰 차질이 없을 것으로 보이나, 에너지전환 정책 하에서의 탈석탄 기조, 동해안 지역의 송전제약 등 부정적인 외부여건으로 인해 향후 사업변동성이 확대될 가능성은 여전히 상존하고 있다.

2021년 10월에 확정된 '2050 탄소중립 시나리오' 최종안에 따라 2023~1014년 가동 예정인 동사 발전소는 계획상 내용연수인 30년에 이르지 못하고 상업운전이 중단될 수 있으며, 2023년 1월 발표된 제10차 전력수급기본계획 상에서도 탈석탄 정책기조는 지속되고 있는 것으로 판단된다. 민간석탄발전사들의 핵심 기반인 정산조정계수 제도의 경우, 2022년 2월 적용 연장이 결정되었으나, 정부승인차액계약을 포함한 전력시장 개편이 추진되는 가운데 전기사업법이나 전력시장운영규칙에 따른 정산제도의 변경 가능성이 존재한다. 또한, 최근 동해안 지역의 신규 기저발전 상업가동 이후 송전제약이 빈번하게 발생하고 있다. 2023년 하반기 이후에도 해당 지역에 동사를 비롯한 신규 설비가 추가로 유입될 예정으로 동해안 지역의 송전성 확충 지연 등으로 발전제약이 장기화되고 초기 가동실적이 부진할 경우, 기저발전으로서의 역할 및 전력수급구조 상 중요성이 약화될 가능성이 있다.

금융시장의 탈석탄 기조로 인하여 자본시장 접근성이 약화되었다.
총사업비 4.9조 원 중 타인자본이 3.9조 원(80%)이며, 1조원(최대 잔액 기준)은 회사채로 조달될 예정이다. 건설기간 중 발행하는 회사채에 대해서는 다수의 증권사와 인수확약을 체결하고 있고, 예상치 못한 사유로 인해 회사채 전부 또는 일부의 발행이 불가능하게 될 경우 부족한 차환자금을 제1금융원의 한도대출(3,600억 원 한도, 만기 3년)을 통해 조달할 수 있다.

다만, 2021년 6월 이후 발행된 대부분의 회사채가 수요예측 과정에서 미매각되는 등 직접금융시장에서의 자금조달 여건이 크게 저하된 상황이다. 한도대출의 대출한도 및 만기, 공모 회사채 발행 여건 등을 감안하면 운영기간 동안의 자금조달 부담이 지속될 수 있으며, 추가 인수약정 여부와 유동성 확보 수준, 주주사들의 재무적 지원 가능성 등에 대한 검토가 필요하다.

다만, 금융권의 ESG 경영 기조가 확산됨에 따라 2021년 6월 이후 발행된 대부분의 회사채가 수요예측 과정에서 미매각되는 등 직접금융시장에서의 자금조달 여건이 크게 저하된 상황이다. 인수확약 기간 이후에도 한도대출의 대출한도 및 만기, 공모 회사채 발행 여건 등을 감안할 때, 운영기간 동안의 자금조달 부담이 지속될 수 있으며, 추가 인수약정 여부와 유동성 확보 수준, 주주사들의 재무적 지원 가능성 등에 대한 검토가 필요하다.

계열의 유사시 지원가능성 미반영
동사는 2022년 공정거래위원회가 지정한 상호출자제한 기업집단 상 포스코 그룹에 포함되어 있으나, 동사의 지분은 재무적투자자가 50% 이상을 보유한 가운데 다수의 출자자에 분산되어 있는 점, 탈석탄 기조로 인해 동사의 전략적 중요성이 크지 않은 점 등을 감안하여 계열의 유사시 지원가능성은 반영하지 않았다.

ESG Considerations
민간석탄발전 산업은 대표적인 온실가스 배출업종으로 ESG 위험 분석을 위한 업종별 Heatmap에서 환경(E)과 사회(S) 요소 위험노출도를 '매우 높음' 수준으로 판단하고 있다. 비우호적인 외부여건과 정부정책으로 인해 저탄소 전환 리스크에 크게 노출되어 있으며, 발전소 건설 및 운영 과정에서 발생하는 대기오염 물질에 대한 지역사회의 우려가 높고 최근 화석연료 사용을 축소하기 위한 사회적, 정책적 압력이 높은 수준이다.
석탄발전에 대한 비우호적인 정부정책 기조, 미약한 에너지전환 대응수준, 저하된 자본시장 접근성 등은 동사의 신용도에 부담으로 작용하고 있다. 동사는 암모니아 혼소발전 개발 추진 등 연료 및 공정 전환을 통해 탄소배출 규제에 대응할 예정이나, 향후 실질적인 에너지전환 대응성과 사업 전개 양상에는 불확실성이 내재하고 있다.

▌사업 및 재무 전망

동사 발전설비의 우수한 효율성(초초임계압)과 유연탄에 기반한 원가경쟁력, 동 발전기에 적용되는 환경설비 기준 등을 감안할 때, 현재의 제도 하에서 총괄원가 보상이 가능한 수준의 이익 창출은 가능할 것으로 보인다. 높은 타인자본 조달 비율에도 정산조정계수 조정을 통해 원리금 상환에 충분한 현금흐름을 창출할 것으로 예상되며, 상업가동 초기의 과중한 재무부담을 점진적으로 경감할 전망이다.

다만, 석탄발전에 대한 정부 정책 및 제도, 정부승인차액계약을 포함 전력시장 개편 가능성, 동해안 지역의 송전제약으로 인한 초기 가동실적 영향, 자금조달 여건 변화 등에 따른 중단기적인 변동성이 상존하고 있다. 또한, '2050 탄소중립 시나리오'에 따라 내용연수인 30년 이전에 상업운전이 중단될 수 있으며, 상업운전 가동 중단 시점이나 보상 규모에 따른 불확실성이 존재한다.

이 채권을 투자하여 리스크 대비 알파수익을 확보하는 것은 아주 쉽다. 특별한 기술이나 타이밍을 볼 것도 없다. 그저 결정을 내리기만 하면 된다. 본 채권 이외에도 비슷한 경우는 많이 있다. 각 개인의 신념이나 생각에 따라 가장 손쉬운 알파수익 확보 전략이지만 누군가에게는 가장 어려운 전략이기도 하다.

삼척블루파워 발행내역(2023년 11월 17일)

종목명	발행일	만기일	발행액(억원)	비교금리		표면금리
				3Y국채	등급민평	
삼척블루파워 2	2019-09-25	2022-09-25	500	1.30%	1.894%	1.892%
삼척블루파워 3	2020-03-25	2023-03-25	500	1.10%	2.285%	2.145%
삼척블루파워4	2020-09-25	2023-09-25	1,000	0.85%	1.758%	2.122%
삼척블루파워5	2021-06-25	2024-06-25	1,000	1.44%	1.987%	3.391%
삼척블루파워6	2022-04-25	2025-04-25	1,800	2.85%	4.002%	5.648%
삼척블루파워7-1	2022-09-15	2024-09-15	1,500	3.72% (2년)	5.423% (2년)	6.114%
삼척블루파워7-2	2022-09-15	2025-09-15	900	3.76%	5.567%	6.714%
삼척블루파워8	2023-03-15	2026-03-15	2,250	3.46%	4.861%	6.961%
삼척블루파워9	2023-09-15	2026-09-15	2,050	3.84%	5.265%	7.402%

〈출처: 금융투자협회〉

3. 한전채; 특수한 목적으로 세워진 곳의 채권을 사라

2022년 하반기 국채 다음으로 안전하다 믿었던 지방자치단체나 공기업 채권이 정치적 이슈로 흔들리게 되면서 대한민국 시장 전체가 출렁거린 사건이 있었다. 테마파크인 레고랜드 개발 관련 사업을 하던 강원중도개발공사의 부채에 대해 강원도가 기업회생을 갑자기 선언하였다. 재무적인 이유보다는 정치적 이슈로 이루어진 사건이다 보니 시장에 충격은 컸다. 안전하다 믿었던 공사채에 의구심이 생기면서 자연스레 시장은 한전을 그 다음 이슈 대상으로 지목하였다.

우크라이나 러시아 전쟁으로 인해 급등한 에너지 비용으로 한전의 적자가 우려될 수준으로 악화되고 있었다. 하지만 정권 지지율을 고려한 정치적 이슈로 오랫동안 에너지 수입대금 상승을 요금에 반영하지 않고 낮은 요금을 유지했는데, 이 차이를 메꾸기 위해 채권을 찍어 내고 있었다. 한국과 전 세계가 금리를 올리던 금리 상승기에 대규모 채권을 발행하다 보니 한전채의 금리는 급등했다.

가뜩이나 레고랜드 사태로 지방자치단체나 공기업에 대한 투자자의 신뢰가 사라져 줄어드는데 한전채 발행량은 늘어나면서 수요가 부진해지자 중소기업은행, 산업은행 등이 고금리로 급하게 채권을 찍어 그 자금으로 지원해주었다. 국책은행들이 갑자기 한전 지원 목적으로 자금을 빨아들이자 시장의 현금이 바닥나며 시중금리는 급격하게 상승하였다. 예상치 못하게 돈을 조달하지 못한 민간기업들부터 PF에 돈이 묶인 증권사들은 흑자부도 상황으로 위기를 겪었다.

하지만, 모두가 위험하다 생각해 투자를 보류할 때, 한전채에 투자하는 자금도 많았다. 한전이 망하면 결국 한국의 모든 인프라가 다 무너지는 상황인데, 정부에서 나서지 않겠냐는 것이 그 논리였다. 전문투자자인 투자기관들은 내부 리스크 관리 규정에 따라 이슈가 발생한 지자체 보증채, 공사채 투자를 보류하거나 최소화했다.

아이러니 하게도 정량적인 리스크 관리보다 정성적 판단을 내리는 개인이나 기계적으로 매수한 곳들은 2022년말 정부의 채권시장안정펀드 개입 등으로 급격하게 투심이 회복하며 큰 돈을 벌 수 있었다. 한때 6%에 달했던 발행금리는 2023년 초에는 3% 수준까지 내려가게 되었다.

한전채의 경우를 통해 우리가 파악할 수 있는 채권투자전략은 무엇일까? 특수한 목적으로 세워진 곳이 파산했을 경우 국가 전체에 치명적인 영향을 끼친다면, 이러한 곳에서 발행한 채권이 바로 알짜 채권이다. 공항공사, 광해공단, 장학재단, 증권금융, 한국전력 등이 그 대표적인 경우이다. 지역개발공사가 지역축제나 행사장 등을 목적으로 발행한 채권도 지자체가 결국 책임을 지기 때문에 상대적으로 안전하지만 앞서 얘기한 국가 전체에 즉각적이고 직접적인 영향을 끼치지는 않기 때문에 한전채처럼 이슈가 발생하여 금리가 올라갔을 때 기계적으로 매수해도 된다고 말할 수는 없다.

참고로 국가부도가 발생한 베네수엘라나 아르헨티나의 경우, 베네수엘라의 석유회사로 최대 국영회사인 PDVSA나 아르헨티나의 육가공수출공사채권은 국채보다 인기가 좋았다. 국채가 디폴트가 발생한 상황속에서도 외화나 부족한 세수를 충당하기 위해 해당 공기업들의 비즈니스가 최우선적으로 이루어져 현금창출이 가능했기 때문이었다.

한국전력채권 발행금리표(2022년 10월, 2023년 1월)

종목명	발행일	만기일	발행액(억)	이자		표면금리(%)
				지급유형	주기(월)	
한국전력공사채권1290	2022-10-04	2024-10-04	2,300	이표채	06	5.5
한국전력공사채권1293	2022-10-07	2024-10-07	2,500	이표채	06	5.55
한국전력공사채권1295	2022-10-13	2024-10-13	3,400	이표채	06	5.6
한국전력공사채권1298	2022-10-17	2025-10-17	1,000	이표채	06	5.9
한국전력공사채권1300	2022-10-20	2025-10-20	200	이표채	06	5.9
한국전력공사채권1339	2023-01-03	2025-01-03	2,000	이표채	06	4.4
한국전력공사채권1341	2023-01-05	2025-01-05	1,400	이표채	06	4.2
한국전력공사채권1345	2023-01-12	2025-01-12	1,100	이표채	06	4.0
한국전력공사채권1347	2023-01-16	2025-01-16	1,900	이표채	06	4.0
한국전력공사채권1349	2023-01-19	2025-01-19	1,800	이표채	06	3.85

4. ABCP, ABSTB 투자 시 기초자산 구조를 살펴보자

단기물을 투자할 때 CP, ABCP(AB 형태의 CP), STB(단기사채), ABSTB(AB단기사채)는 이표채권보다 직관적으로 현재가격을 파악할 수 있어서 단기투자에도 유리하고 빠른 의사결정에도 유리하다. 보통 이러한 단기물은 시장에서 금방 소진되기 때문에 기업의 재무담당자나 채권 펀드매니저들은 할인채 방식인 단기물의 금리수준과 신용등급, 그리고 만기까지의 기간만 가지고도 의사결정을 내리는 경우가 많다. 하지만, AB형태로 유동화된 자산인 ABCP, ABSTB의 경우는 해당 단기물의 기초자산 구조를 살펴보아야만 나중에 혹시 모를 낭패를 피할 수 있다.

단기물을 투자하는 대표적인 이유는 길게 투자하면 불안하니 짧게 끊어서 상황을 지켜보고 다시 판단할 여유를 가지겠다는 것이다. 그렇기 때문에 단기물은 보통 장기물 대비 금리가 낮다. 하지만 시장상황에 따라서 장기물의 금리가 단기물보다 낮은 경우도 있다. 장기 전망에 있어서 불경기를 예측한 사람들이 금리인하를 노리고 매수할 때이다. 또한 시장의 유동성 수급상황이 꼬여 단기물의 금리가 높아지는 경우도 있는데, 대표적인 사례가 2022년 가을에 발생한 강원도 레고랜드발 사태이다.

사기업이 아닌 강원도개발공사의 우량한 등급을 믿고 투자한 투자자들이 정치적 이슈로 상환이 어려워지게 되자 모든 지방자치단체에 대한 불신과 공기업도 망할 수 있다는 불안감 확산으로 투자를 보류하였다. CP나 기업의 단기사채도 유동성이 사라지면서 금리가 급등하였다. 따라서 평상시라면 차환발행을 통해 쉽게 PF사업대금을 융통하던 시행사들도 흑자부도의 가능성이 생기면서 AB형태의 단기물 금리가 치솟았다. 다행히 정부의 빠른 개입으로 시장은 진정되었지만, 단기물 투자 시 특히 AB(Asset-Backed:자산유동화, 자산담보부)형태의 단기물 투자 시 사전에 전략을 면밀히 세우고 분석할 필요가 있음을 상기시키는 계기가 되었다.

AB형태의 채권은 모든 자산과 결합이 가능하다. 수익권, 대출채권, 항공기, 실물 등이 있지만 가장 대표적이고 많이 유통되는 건설사, PF 관련 ABSTB 예제를 통해 AB단기물에 대해 알아보자. 아래의 AB단기사채는 실제 사례이기 때문에 신용평가사의 신용평가보고서(신평서)를 통해 개별적으로 심도 있게 알아볼 수도 있다.

(1) 멀티솔루션 익스프레스 ABSTB(유동화 단기사채)

딜 구조

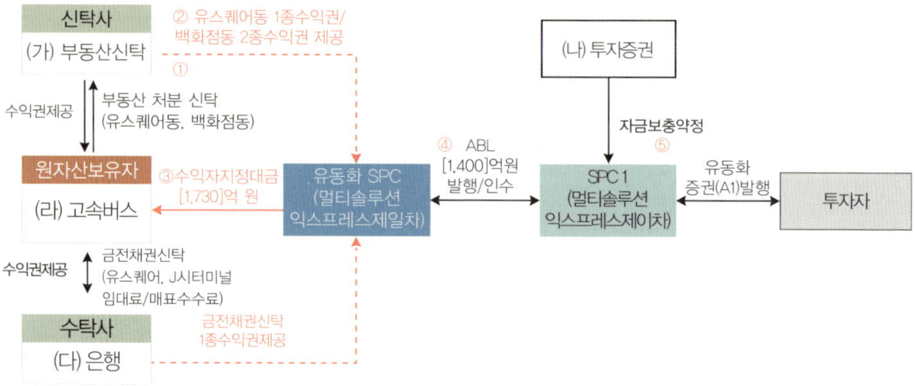

① 원자산보유자 (라) 고속버스는 K광역시 종합버스터미널 관련 기존 담보신탁 해지 후 유스퀘어동 및 백화점동(이하 "대상 부동산")매각(처분신탁)

② 대상 부동산 중 유스퀘어동은 유동화SPC 1순위 K광역시 S백화점 2순위, 백화점동은 K광역시 S백화점 1순위 유동화SPC 2순위 우선수익자 지정

③ 유동화SPC는 대상 부동산 우선 수익자 및 금전채권신탁 처분신탁 1순위 우선 수익자 지정대가로 (라) 고속버스에 [1,730]억 원 지급.

④ 유동화SPC는 처분신탁 수익권을 기초 선순위 ABL 및 후순위 대출 실행, SPC 1은 선순위 ABL [1,400]억 원, 후순위대출 [330]억 원 총 액인수

⑤ 만기 시점 리파이낸싱 또는 (라) 고속버스의 1종수익권 우선매입, K광역시S백화점의 대상 부동산 우선매수권 행사, 제3자매각 등을 통한 상환

세부 조건(기간, 유동화 조건, 증권 내용)

구분		내용
유동화 개요	발행사	• 멀티솔루션익스프레스제이차 주식회사(SPC)
	유동화구조	• K광역시 유스퀘어 기조 기조 원화(KRW) 단기사채
	기초자산	• K사 종합버스터미널(유스퀘어) 및 부수현금 흐름 기초 ABL_처분신탁 구조로 (라) 고속버스신용과 완벽하게 절연
	유동화 만기	• 2025년 5월 30일 예정
ABSTB 발행	발행일/만기	• 2023년 5월 30일 / 2023년 8월 30일
	개별 발행/만기	• 2023년 6월 30일 / 2023년 7월 31일
	발행금액(예정)	• [700]억 원
	발행금리	• [TBD] %
신용등급		• A1[NICE신용평가, 한국신용평가]
신용보강		• (나) 투자증권의 최대 [1,400]억 원 자금보충약정
업무수탁자/자산관리자		• (나) 투자증권
유동화증권 중개기관		• [TBD]

자금보충약정

상환에 필요한 자금이 부족한 금액만큼 (나)증권사가 자금을 보충한다. 다만, 약정한 조건에서 벗어나는 경우. 예를 들어 '고의적으로 부족한 금액이 발생하지 않는다' 면 약정한 금액 한도까지 즉시 자금보충을 수행하여 투자자에게 돈을 상환한다.

감정평가 내역

본 건 자산 중 1순위 수익권 보유한 **유스퀘어동의 감정평가액은 약 [3,130]억 원**으로 임차보증금을 제외한 감정가 기준 LTV는 47.1% 수준
*LTV : 1,400억 원 / (감정가 3,130억 원 – 선순위 보증금 157.8억 원)
K광역시 중심 상권의 핵심 부동산임을 감안 시 **담보력은 충분한 것으로 평가됨**

감정평가 요약

감정평가사	(주)채권투자의 비밀 감정평가법인
소재지	K광역시 서구 광천동 49-1 외
소유자	(라) 고속버스(수탁자 : (가) 부동산신탁
채무자	(라) 고속버스
기준시점	2023년 4월 13일

감정가액 세부 내역

구분	구분	구분
면적	55,602.28㎡	40,026.72㎡
토지감정가	2,408억 원	1,733억 원
건물(원)	723억 원	557억 원
합계(원)	3,130억 원	2,291억 원

대상 물건 현황

기본투자전략

① 누가 어떤 금리로 얼마나 언제부터 언제까지 만기로 발행했는가?

기본적으로 본 단기사채는 고속버스 회사가 자금을 약 2년간 융통하기 위해 발행한 상품이다. 다만, 2년은 너무 길어 투자자 유치가 부담스러우니 1개월 단위의 만기로 2년간 차환발행하기로 하여 1개월 단위 투자자들의 돈을 통해 고속버스 회사의 단기자금 니즈를 충족시켜 준다.

해당 상품은 총 700억 원 규모로 단기신용등급 A1급의 국내 유수의 대형증권회사가 그 2배 규모인 1,400억 원으로 자금보충약정 형태로 신용을 보강하고 있다.

따라서, 700억 원 전량 회수불가라는 최악의 상황을 가정해도 투자자들에게 700억 원을 돌려주고 해당 증권사가 700억 원 전량 손실을 감수하도록 되어 있어 원리금 상환능력이 아주 우수함을 알 수 있다. 해당 자료에는 나와 있지 않지만, 당시 본건의 발행금리는 업계 평균 수준이었다.

② 신용등급 및 사업장 확인

해당 상품의 재무적 상황에 따라 투자가능한 수준인지 판단하기에는 많은 지표와 경험이 필요하다. 이를 신용평가사(한국기업평가, NICE신용평가, 한국신용평가 등)에서 종합하여 등급을 통해 알려주고 있으니 이를 투자에 참고하여 목적과 위험에 따른 투자규모나 가부 여부를 결정하도록 하자.

단기사채는 단기로 발행되는 채권이기에 단기신용등급의 체계를 따르므로 신용등급이 높을수록 금리가 낮고, 신용등급이 낮을수록 금리가 높다. 다양한 등급의 단기사채가 발행되지만 필자가 권유하는 등급은 A2급 이상이다. PF단기사채는 A3등급 뿐만 아니라 심지어 B3등급도 발행되고 일부 투자자들이 매수하기도 한다. 그러나 고금리에 따르는 투자위험에 대해서 확실히 고민을 하고 투자하여야 한다.

A1등급을 가지는 PF단기사채는 신용보강을 제공하는 시공사의 등급이 A1 경우와 매입확약을 한 기관의 신용등급이 A1인 경우로 나뉜다. A1 등급의 단기사채가 A2보다 신용등급이 높기 때문에 일반적으로 금리가 낮다. 간혹 현재 단기등급이 A1이지만 A2+로 떨어질 것이 확실하다거나 시장에 특별한 이슈가 있을 때에 수급적인 이유로 A1등급의 단기사채 금리가 A2등급의 금리보다 높은 경우가 있다.

같은 등급이라도 지급보증한 건설사별로, 그리고 유동성공여를 한 증권사별로 PF단기사채 금리는 다를 수 있다. 이는 각 회사가 가지는 고유의 위험이 다르기 때문이다. 따라서 PF단기사채 투자 시에는 동일한 등급이라도 각각 어떠한 위험이 있는지, 또는 만기 시까지 믿을 수 있는 회사인지 등을 반드시 확인하고 투자해야 한다.

같은 신용등급이고 같은 보증회사라고 하더라도 단기사채의 금리가 다를 수 있다. 이는 PF단기사채의 기초자산이 다르기 때문이다. 만약에 두 PF 사업장의 분양률이 극과 극이라면 이는 해당 사업장의 수익성 또는 안정성에 차이가 있다고 해석할 수 있는데, 기왕이면 사업진행이 원활한 PF사업장을 선택하는 것이 옳다.

따라서 PF단기사채의 경우에는 적어도 공사장의 위치가 서울인지 경기도인지 지방인지, 또는 현재 공사단계가 어느 정도까지 진행되었는지 분양률은 어떤지 등을 반드시 확인해야 한다.

한편 시장에서는 PF단기사채가 아닌 CLN(Credit Linked Note) 구조의 DLS(Derivatives Linked Securities), 매출채권 유동화, 해외인프라펀드 수익증권, 중국은행 정기예금(달러 예금 또는 위안화 예금) 유동화, 선박운영 수익권 유동화, 항공기 유동화 등 다양한 자산을 기초자산으로 하는 AB단기사채들도 많이 발행되고 있다. 이러한 상품의 기초자산에 대한 분석은 필수이다. 이를 위해 증권사를 통하여 투자하기 전 해당 AB단기사채에 대한 자세한 설명을 듣도록 하자. 신용평가서 확인도 필요한데, 기초자산 및 신용보강 등에 대해 명시되어 있으니 꼭 사전에 알아보도록 하자.

적절한 투자 시기

단기자금시장도 하나의 시장이기 때문에 수급에 의하여 금리가 결정되는 경우가 많다. 즉, 일시적인 시장 유동성이 위축될 때 금리가 급격하게 상승하는 경우가 많다. 또한, 연말에 일반적으로 금리가 상승하는 현상을 볼 수 있는데, 그 이유는 단순하다. 단기자금을 운용하는 기관들이나 증권사들이 연말이 오기 전에 북 클로징(Book Closing, 운용 펀드의 매매를 중단)을 하고, 내년도 계획을 세우면서 새해 연초까지 대기하기 때문에 채권에 대한 신규 매수수요가 줄어드는 것이다.

물론 투자자금의 집행이 연말까지 이어질 수도 있지만, 보통 연말로 갈수록 전체적으로 집행금액이 감소하기 때문에 단기물 수요가 감소하고, 결국 시중 단기금리는 상승한다. 따라서 단기자금을 운용하는 투자자의 입장에서는 연초보다는 조금 이른 '전년도 연말'에 단기사채를 사는 것이 일반적으로 유리하다고 할 수 있다.

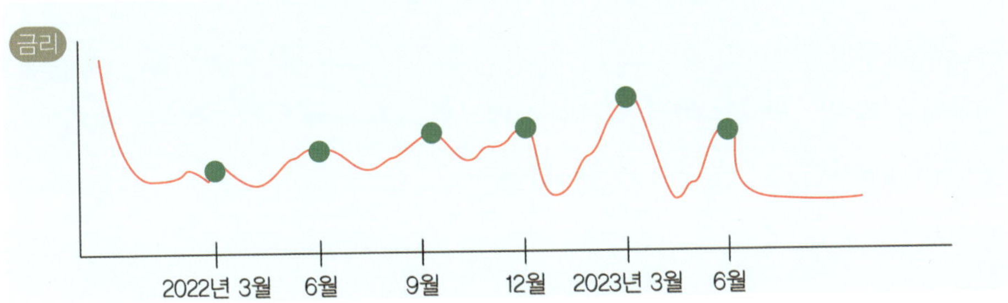

투자 시기별 금리의 흐름

5. 개인투자자 전용국채(더 높은 금리, 세제 혜택) 투자전략

2023년 9월 정부에서는 개인들이 국채전문 전용계좌를 개설하여 저축성으로 투자가 가능하게 혜택성 정책을 2024년 상반기 내 시행하겠다고 발표했다. 매월 10년 만기물과 20년물 만기물 중 선택해서 살 수 있으며 매월 최소 투자금액은 10만 원, 1년 최대 매수 한도는 1억 원이다. 만기 보유 시 연복리를 적용한 이자를 일시에 받으며 매입원금 기준 2억 원까지는 이자는 금융소득종합과세 대상에서 제외되고 14%만 과세된다.

따라서 표면금리를 3.50%로 가정했을 때, 20년 만기 국채에 투자하여 매월 정액적립식으로 원금 5천만 원어치를 매수 시, 만기시점인 20년 후에 1억 원을 받게 된다. 다만, 중도 환매 시 가산금리와 복리, 세제혜택은 없고, 상속이나 강제집행 경우 이외에는 소유권을 넘길 수 없으며, 아직 구체적인 세부지침은 논의 중이기 때문에 계속 후속 발표사항을 주시할 필요가 있다.

다만 주의할 점은 복리채는 당장 이자를 주지 않아서 채권 평가액은 늘어나지만 만기 시점에 일시에 세금을 내야 하기 때문에 만기 이전의 평가가격과 본인이 생각하는 가격과 괴리가 있을 수 있으니 놀라지 말도록 하자.

6. 채권시장의 트렌드별 전략

앞에서 상품별 실제 사례나 다양한 전략을 살펴보았는데, 최근 유효하고 인기있는 투자전략에 대해서 알아보자.

코로나가 종식된 이후에 각국이 금리를 올리면서 투자자들은 안정적으로 이자를 쌓아갈 수 있는 크레딧 채권이나 표면이자가 낮아 절세 효과를 기대할 수 있는 저쿠폰 채권에 많이 투자했다. 시간이 조금더 지나자 대체로 국채나 유동성이 좋은 채권의 가치가 가장 높게 평가받고 실제로 가격도 상대적으로 높게 형성되는 추세를 보였다. 어떤 전략을 세웠기에 이런 현상이 발생하였을까?

(1) 금리인상기의 투자: 고금리 우량 단기물 중 2등에 투자

안전하면서 높은 수익성이 발생하는 것은 없지만 금리인상기에는 자금조달 비용이 올라가다 보니 너도나도 저리의 대출을 장기 고정으로 빌리려 하고 금리가 상승하면 만기가 긴 채권은 평가손실이 발생하다 보니 되도록 만기가 짧고 필요시 빨리 팔고 고금리 우량물에 투자하기 위해 유동성이 좋은 것을 선호했다.

아래의 A, B, C, D 4개의 채권을 예시로 들어, 금리인상기의 채권투자전략에 대해서 조금 더 살펴보자

만기별 선호도

구분	채권 A	채권 B
만기	길다	짧다
시장 선호도	비인기	인기

유동성별 선호도

구분	채권 C	채권 D
유동성	낮다	높다
시장 선호도	비인기	인기

시장은 자연스레 채권 B, D의 가격이 오르고 있고, 이 둘의 성격을 모두 지닌 채권은 천정부지로 가격이 올랐다. 하지만 여기서 전략을 잘 세워야 한다.

B, D의 성격을 모두 지닌 채권을 사서 가격이 더 올랐을 때 팔아 차익을 얻을 수도 있지만, 만약 유동성이 원하는 가격에 자유자재로 매매가 가능할 정도로 좋지 않아 만기 보유하게 되면 어떻게 될까?

2023년 4월 같은 날 발행된 두 종류의 A1 등급 단기사채가 있었다. 하나는 인지도가 높은 기업체의 단기물이라 금리가 낮았고, 다른 것은 재무적으로 더 우량하지만 인지도가 낮아 시중에 수요가 적었다. 그래서 후자는 금융기관 매입보장을 통해 유동화한 단기사채이며 금리가 더 높았다. 둘다 만기가 14일이며 부채비율도 극히 낮고 현금보유량도 국내 최고 수준이지만 전자는 금리가 3.60% 수준인 반면, 후자는 금리가 3.87%였다. 이런 경우 전자를 3.60%보다 낮은 금리로 중도 매도하는 것보다는 3.87%물을 사서 만기 보유하는 것이 낫다.

따라서 주식은 1등주를 사라는 말이 있지만 채권 주요 전략 중 하나는 1등보다는 1등같이 우량하며 1등보다 금리 프리미엄이 있는 2등이 낫다는 전략이 채권시장 선배 펀드매니저로부터 후배에게 전해지고 있다.

(2) 크레딧보다 국채 10년물에 투자해라

크레딧 채권은 시장 유동성이 부족하다 보니 금리 향방을 잘 맞추었다고 해서 중도에 매매하여 자본차익을 얻기가 어렵다. 또한 더 좋은 채권이 나타나 교체매매하려고 해도 쉽지 않다. 따라서, 금리가 당분간 오르는 추세를 보일 때는 일반적인 크레딧보다 만기가 길더라도 유동성이 좋은 10년 국채를 선호하게 된다. 국채는 인기가 좋기 때문에 매수시점보다 시중금리가 올라도 유동성 부족으로 크레딧 채권처럼 추가적인 손해보는 일 없이 바로 매도가 가능하다. 또한 금리 상승기에는 크레딧 회피 성향이 강해지기에 크레딧 채권에서 국채로 유입되는 자금이 많아지기 때문에 금리상승분으로 인한 손실이 다소 줄어들 수 있다.

(3) 일반 장내 채권의 유동성 적은 리테일 채권에 매수호가를 입력해라

앞서 설명한 증권사 MTS, HTS를 통해 제법 많은 개인투자자들의 거래량이 있었던 것이 확인된 채권 중 매수호가가 거의 형성되지 않은 종목 위주로 매일 매수호가를 입력하자. 낚시하는 기분으로 많은 종목에 원하는 호가를 입력하고 기다리자. 보통 증권사들은 일반 장내를 통해서 자투리 채권을 사지 않는데, 이에 따른 각종 서류작업을 해야 하는 부담감과 금감원에 불법적인 시장가격 조작 등으로 오해 받기 싫어하기 때문이다.

따라서 소액으로 투자한 개인투자자들 중 만기상환 이전에 급하게 돈이 필요한 곳은 터무니없는 가격이라도 우선 매도를 체결해서 현금을 확보할 수 밖에 없다. 그래서 종종 유동성이 극히 부족했던 리테일 채권 중 소액으로 아주 높은 금리로 매매되는 경우가 제법 많이 보인다. 일반장내 채권 시장이 닫힐 때에는 매수체결 안되고 남는 현금을 CMA, RP, MMW 등에 투자하여 하루치 이자를 챙기는 것도 좋은 전략이다.

〈예시〉

상기 채권은 2023년 10월 13일에 만기가 도래하는 산업은행의 저금리 채권이다. 하지만 이 채권은 유동성이 부족하기에 시가이자, 고가, 저가인 유일한 매수호가(매매금리 4.824%)가 매도자에게 불리한 상황이다.

7. 거시경제 이벤트 드리븐 투자전략

기간	주요 이벤트	내용
2001년 ~ 2004년	9/11테러, 이라크전쟁	1991년~2001년까지 미국 역사상 가장 긴 경제확장기로 미 연준은 금리조정을 통해 경기속도를 조절해왔다. 닷컴 열풍으로 인한 영향을 조정하던 중 9/11 테러가 발생하며 미 연준은 곧바로 50bp 기준금리 인하하며 2003년 1.00%까지 순차적으로 내렸다. 이로 인해 위축된 경기로 대우자동차가 파산하였고, 9/11 테러의 후폭풍이 이라크 전쟁으로 이어지며 국내자금은 안전자산인 국채 선호도가 높아지며 국고채 시장 금리가 하향하는 모습을 보였다.
2004년 ~ 2008년	노 대통령 탄핵안, 한국 신용등급 상향	노무현 전 대통령에 대한 탄핵안이 기각되었지만 정국이 불안정한 가운데, 한국의 대외신인도가 상승하며 국제신용평가사들이 순차적으로 한국의 신용등급을 올렸다. 하지만 이로 인해 역설적이게도 이머징국가로 분류되던 한국에 대한 개발도상국가 투자 외국인 자금이 유출되고, 한국의 채권시장에서 주식으로 국내투자자 자금이 이동하며 국채시장은 약세기조를 유지했다.
2009년 ~ 2016년	글로벌금융 위기, 마이너스 금리	재정적으로 취약하던 남부유럽 국가들에 디폴트 위기가 불거지며 EU에서 전 세계로 금융위기가 확산되었다. 그 와중에 미국의 신용등급이 하락하며 세계 각국은 양적 완화로 풀린 자금이 채권 초강세를 만들었다. 극단적으로 마이너스 기준금리 정책을 펼치는 국가들이 늘어나며 국내 채권시장도 백약이 무효라며 저금리 장기지속을 예상하고 장기채가 활성화되며 30년 국채 등이 시장에 안착하였다.
2016년 ~ 2019년	트럼프 대통령 당선, 박대통령 탄핵	기존 질서 대신 보호무역주의로 회귀하고자 하는 트럼프가 미국 대통령에 취임하고 한국시장은 박근혜 대통령 탄핵으로 시스템 리스크가 높아 국내외 투자 매력도가 하락하였다. 미국 우선주의에 세계 각국의 자금은 미국으로 흘러갔고 환율이 자국 통화 약세로 악화되었다. 한국 역시 이로 인해 국고채 약세를 감수하였다.
2020년 ~ 현재	코로나, 기준 금리인상 및 QT	코로나 팬데믹으로 인해 침체되는 경기를 부양하기 위해 양적완화가 실시되었으나, 막대하게 풀린 자금으로 촉발된 인플레이션을 막기 위해 미국은 기준금리를 인상하며 동시에 QT 양적긴축을 실시하였다. 한국은 미국을 따라 기준금리를 올려 국고채 금리가 오르는 모습을 보이고 있다.

채권투자 히스토리 차트

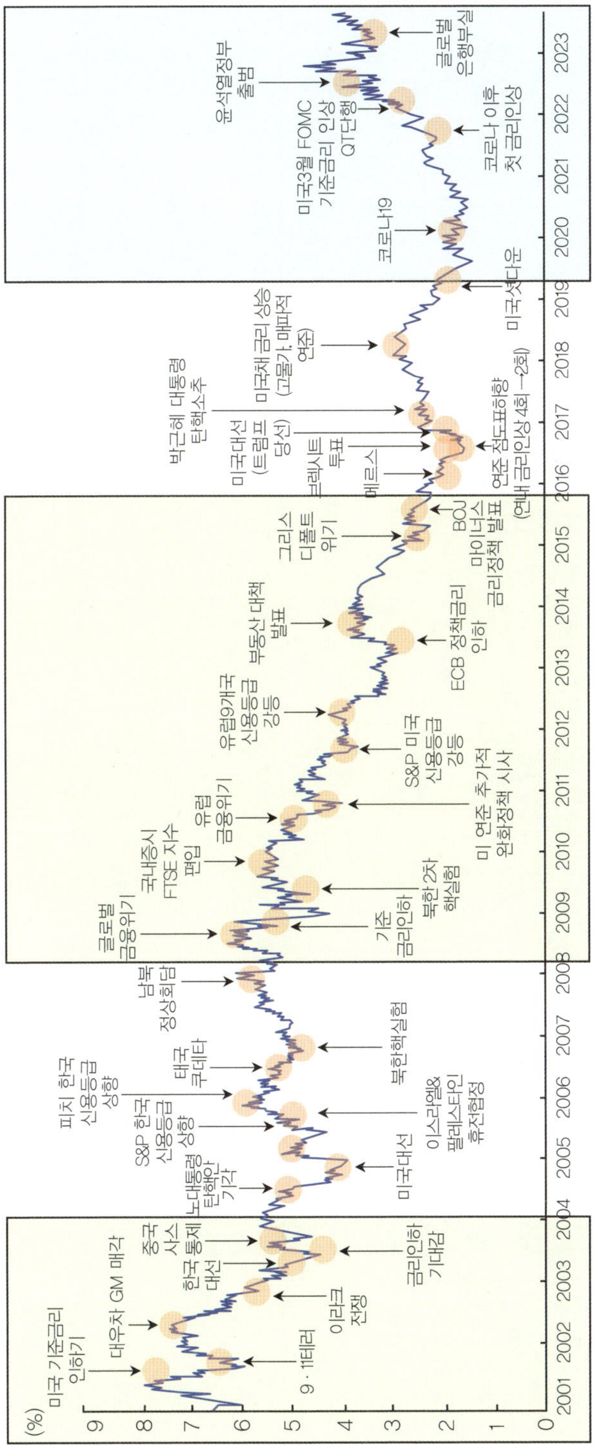
(%)
9
8
7
6
5
4
3
2
1
0
2001
2002
2003
2004
2005
2006
2007
2008
2009
2010
2011
2012
2013
2014
2015
2016
2017
2018
2019
2020
2021
2022
2023
미국 기준금리 인하기
대우차 GM 매각
9·11테러
이라크 전쟁
한국 통제 대선
중국 사스
금리인하 기대감
노대통령 탄핵안 기각
미국대선
S&P 한국 신용등급 상향
피치 한국 신용등급 상향
이스라엘&팔레스타인 휴전협정
태국 쿠데타
북한핵실험
남북 정상회담
글로벌 금융위기
기준 금리인하
북한 2차 핵실험
국내증시 FTSE 지수 편입
유럽 금융위기
미 연준 추가적 완화정책 시사
S&P 미국 신용등급 강등
유럽9개국 신용등급 강등
부동산 대책 발표
ECB 정책금리 인하
그리스 디폴트 위기
BOJ 마이너스 금리정책 발표
메르스
브렉시트 투표
미국대선 (트럼프 당선)
박근혜 대통령 탄핵소추
연준 점도표하향 (연내 금리인상 4회 → 2회)
미국채 금리 상승 (고물가, 매파적 연준)
미국셧다운
코로나19
미국3월 FOMC 기준금리 인상 QT단행
코로나 이후 첫 금리인상
윤석열정부 출범
글로벌 은행부실

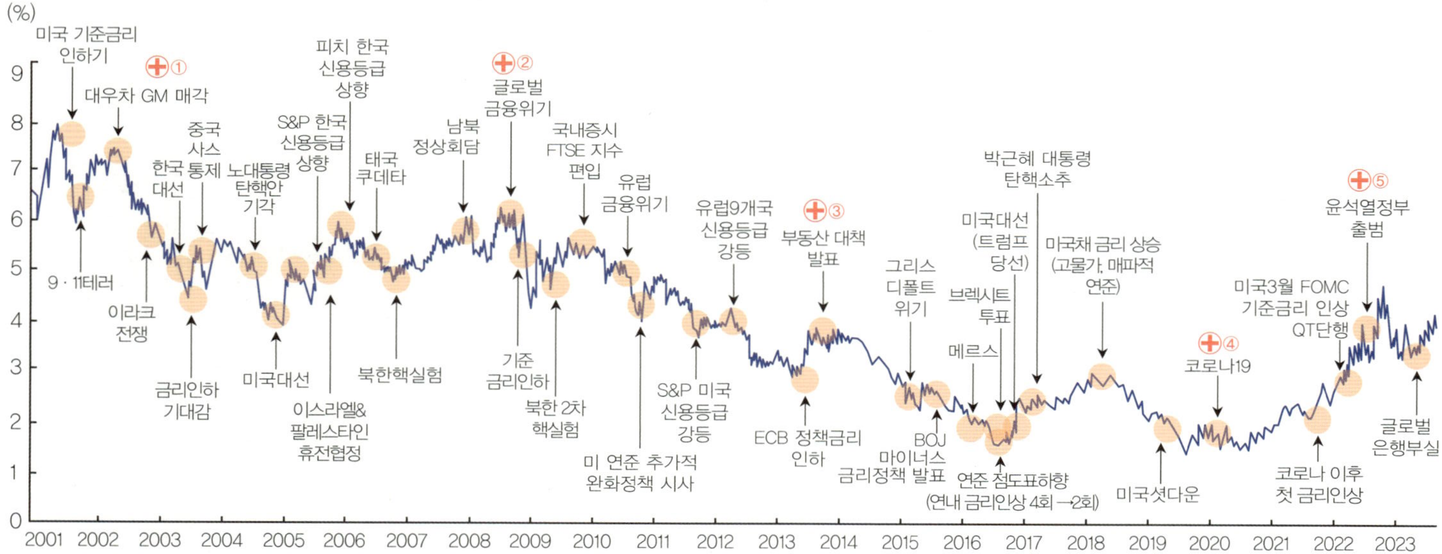

[대응전략]

역사적으로 과거의 데이터를 보면 이 때 투자 했어야 하는 포인트들이 있다. 물론 그 당시에는 이때 투자해야 한다고 판단을 내리는 것은 쉽지 않다. 하지만, 위의 차트 표시된 '+ 포인트'들은 저자들이 채권시장 매니저, 딜러, 브로커, 애널리스트 등 33명에게 물어보았을 때, 플레이어들이 이때가 투자 적기였다 판단한 시점이다.

채권을 매도하는 시점은 투자 스타일, 자금일정 등등 각자의 사정에 따라 다를 수 있다. 하지만, 위의 '+ 포인트' 에는 투자 결정을 할 때 공통의 특징이 있다. 바로 위기가 일반인들에게도 느껴지는 시점이다. 이점을 명심해서 채권 투자에 적절한 시점을 추측할 수 있겠다.

제Ⅲ부 심 화 편

1. 금융소득종합과세 및 금융투자세
2. 추가적인 종류의 채권
3. 해외채권
   -브라질국채, KP(Korean Paper), 미국국채
4. 채권 직접 투자와 간접 투자

1. 금융소득종합과세 및 금융투자세

앞에서 채권 투자 시 세금에 대해서 언급하였으나 사실 세금은 이자에서만 발생하지 않는다. 그 과표인 이자 금액이 합산되어 2천만 원을 넘어서는 순간, 추가분에 대해서는 다른 체계가 적용된다. 세금을 내는 사람 입장에서는 당장 돈이 나가게 되니 안타까울 수 있지만 고도화된 현대 사회는 2천만 원을 기준으로 그 이상의 금융소득은 개인소득에 합산하여 계산하는 것이 더 합리적이라고 결론을 내렸다.

자본주의 사회에서도 일정 수준 이상의 자본소득은 불로소득으로 보고 근로소득 대비 차별을 두어야 한다고 보고, 초과되는 부분에 대한 실질적인 세율은 해당 투자자의 종합과세세율에 좌우되는데, 소득의 총 금액에 따라 26.4%(지방세 포함)일 수도 있고, 38.5%일 수도 있으며, 심지어 49.5%일 수도 있다. 이것이 금융소득종합과세이다.

금융투자세는 여러 금융기관(주로 증권사의 증권계좌)에서 발생한 금융투자소득의 손실을 합쳐 5천만 원을 초과하는 금융투자소득에 대해 20%~25% 양도세를 부과하는 제도이다. 예를 들어 펀드에서 마이너스 천만 원, 주식에서 천만 원 손실, 채권 매매에서 6천만 원의 이익이 나면 합산해서 이익이 4천만 원으로 기준인 5천만 원 이하이기 때문에 금융투자세가 부과되지 않는다. 따라서 소득이 있는 곳에 세금이 있다는 원칙에 입각해서 볼 때 채권, 주식, 펀드 등의 수익을 합산해서 결국 내가 손실이 발생하는 투자자에게는 유리한 제도이다.

다만, 복잡하고 손실이나 이익의 실현시점이나 기간, 비과세 상품 등에 대한 논의가 있어 2025년까지 유예가 되고 있지만 큰 그림은 잡혀 있다. 하지만 여전히 일부 변경 가능성이 있다 보니 금융소득종합과세에 대해서만 아래 가상의 예시를 통해 그 개념을 짚고 넘어가고, 금융투자세는 간단하게 이것만 기억하면 되겠다. 과거 채권의 매매차익은 비과세였지만, 금융투자세가 도입되고 나면 양도차익으로 합산된다고 보면 된다.

45세 김종합(가명) 씨는 열심히 현금을 모으고 모아, 살고있는 집 한 채와 별도로 6억 원을 만들었다. 열심히 조사한 끝에 부도나지 않을 것 같은 두 회사를 찾았고(A산업 및 B물산), 두 회사의 채권을 각각 3억 원씩 매수하였다. A산업 채권의 표면금리는 4%이지만, B물산 채권의 표면금리는 무려 6%에 이른다.

종합 씨는 채권투자 시의 이자소득원천징수 체계를 알고 있어, 연평균 세후수익률을 직접 계산할 수 있다. 특히 지금 상황은, 연초에 두 채권 모두 표면금리와 거의 유사한 매매수익률(YTM)으로 매수했기 때문에, 표면금리에 (1−15.4%)을 곱한다면 손쉽게 연평균 세후수익률을 계산할 수 있는 것이다.

한 해가 마무리될 무렵, 종합 씨는 한 해 동안의 채권투자성과를 살펴보았다. 세전 이자소득(이자소득 과표)은 총 3,000만 원 가량 되었다.(A산업 1,200만 원 및 B물산 1,800만 원) 이를 토대로 세후수익을 산출하면 2,538만 원 정도 되었다.

그런데 아뿔사, 이자소득 금액이 2천만 원을 넘었다는 것을 이제서야 생각해 내었다. 지금까지 금융소득종합과세는 남의 일이었기 때문에, 채권투자에 있어 이자소득 과표 총 금액에 대하여 전혀 신경 쓰지 않았기 때문이다. 이자소득 과표 3천만 원 중 2천만 원은 원천징수로 종결될 수 있으나 2천만 원을 초과하는 부분, 즉 1천만 원에 대해서는 금융소득종합과세에 해당되었던 것이다.

부랴부랴 종합 씨는 본인에게 적용될 종합소득세율을 살펴보았다. 올해에는 35%의 한계 세율 구간에 들어와 있었다(지방세 포함 시 38.5%). 이를 토대로 계산해 보니, 1천만 원에 대해서는 세율이 15.4%가 아닌 38.5%가 적용되는 상황이다. 결국 금융소득종합과세가 적용될 1천만 원의 이자소득에 대한 세율은 154만 원이 아니라 385만 원에 이르렀던 것이다.(두 금액의 차액 만큼을 종합소득세로서 추가 납부해야 한다. 원천징수된 154만 원은 기납부세액으로 인정된다.)

정리하면, 2천만 원에 대해서는 세율 15.4%로서 308만 원의 세금이, 1천만 원에 대해서는 세율 38.5%로서 385만 원의 세금이 부과되었다. 이 둘을 합산하니 세액 총액은 693만 원이었으며, 세후 수익은 3천만 원에서 693만 원을 공제한 2,307만 원뿐이었다. 실효 세율은 전체적으로 23.1%(=693/3,000)에 이르렀다.

위 사례와 같이, 금융소득이 많을수록 금융소득종합과세라는 함정에 빠질 가능성이 있다. 금융소득종합과세란, 이자소득이나 배당소득과 같은 금융소득이 연 2,000만 원을 초과하면, 초과분에 대하여 급여소득 또는 사업소득과 합산하여 종합소득세를 납부하는 제도이다. 연 2,000만 원까지의 금융소득에 대해서는 세율이 15.4%로 비교적 경미하나, 이를 넘어서는 금액부터는 본인의 종합소득세율 구간에 따라 천차만별 세율(6.6%~49.5%)이 적용될 수 있어 유의할 필요가 있다.

종합소득 과세표준에 따른 종합소득세율

과세표준	세율	누진공제
14,000,000원 이하	6%	−
14,000,000원 초과 50,000,000원 이하	15%	1,260,000원
50,000,000원 초과 88,000,000원 이하	24%	5,760,000원
88,000,000원 초과 150,000,000원 이하	35%	15,440,000원
150,000,000원 초과 300,000,000원 이하	38%	19,940,000원
300,000,000원 초과 500,000,000원 이하	40%	25,940,000원
500,000,000원 초과 1,000,000,000원 이하	42%	35,940,000원
1,000,000,000원 초과	45%	65,940,000원

*실제세율은 10%를 곱한 지방세가 가산되기에, 10억 원 초과의 경우 45%×1.1=49.5%이다.

투자하려는 채권의 절대 금액이 크거나, 표면금리가 높은 채권을 보유 중일 경우 한 해 계산될 과표를 미리 산출해 봐야 하며, 그 금액이 2,000만 원을 넘길 상황이라면 사전에 합리적인 판단을 하는 것이 필요하다. 만약 나의 금융소득을 제외한 근로소득/사업소득/기타소득이 작은 편이라면, 이러한 금융소득이 2,000만 원을 초과해도 별 무리가 없을 것이다.(오히려 낮은 세율이 적용되어, 기 납부한 원천징수(15.4%) 중 일부를 환급받을 수도 있을 것이다.) 반면 이미 고소득 사업자 또는 근로자인 경우 종합소득세 고려 시 과표 2,000만 원을 초과하는 이자소득은 실질적으로, 그리고 세후로 그 가치가 상당히 차감될 지도 모른다.

따라서 이러한 금융소득종합과세로 인한 막대한 세 부담을 줄이기 위하여, 다음과 같은 절세 전략을 펼치는 것도 시도해 보아야 한다.

① 맞벌이 부부일 경우 평소 투자와 자산 배분을 전략적으로 계획하여, 한쪽 구성원에 잡힐 이자소득의 총량이 2,000만 원이 넘지 않도록 한다. (단, 부부간 현금 증여 시 증여세가 발생할 수도 있기 때문에 유의하여야 한다.)

② 과표가 작게 잡히는 절세 채권에 평소 꾸준히 관심을 둔다. 특히 금융상품에 밝은 PB에 미리 이야기하여, 표면금리는 낮고 만기수익률(YTM)은 높은 채권(예: 시중금리가 매우 낮을 때 발행했던 채권 유통물, 또는 상장 BW의 ex-warrant 등)이 나오는 대로 연락해 줄 것을 요청한다.

③ 자본차익(매수가 대비 시장가격 상승)에 의한 수익은 과세되지 않는다. 장기채권을 매수한 뒤 금리가 많이 하락하여 자본차익이 발생한 경우 이를 매도 처분하여 비과세 소득을 얻고, 그렇게 얻은 자금으로 단기 저금리 채권을 매수한다. 혹은 장기 채권을 다시 매수하여 이를 반복한다.

④ 비과세 상품을 찾는다. 대표적으로 브라질 국채(브라질 헤알화(BRL) 채권 또는 미국 달러(USD) 채권)

⑤ ISA, 연금저축, 개인 IRP 등에도 관심을 가진다.

투자에 있어 절세 전략은 절대로 등한 시 할 수 없는 요소이다. 채권 투자의 세금 부담을 측정하는 것은 단순하지만, 전략에 있어서는 다양한 면을 고려해 볼 수 있다. 특히 이자소득이 연 2,000만 원을 넘기기 전, 유능한 증권사 PB와 상담을 해보는 것을 추천한다.

채권투자 세금을 절약하는 방법으로는 절세채권을 투자하는 것이 아니라 내가 투자한 채권을 담는 '계좌' 자체에 적용되는 절세 효과를 통해 세금을 아끼는 방법도 있다. 가장 대표적인 것이 바로 ISA이다.

중개형 ISA계좌에서 채권을 투자하면 과표인 채권이자는 최대 400만 원 비과세가 적용되며, 초과분은 9.9% 저율과세가 적용된다. 중개형 ISA계좌는 연간 4천만 원, 합산 최대 2억 원 한도까지 납입가능하기에 채권 개인투자자들에게 필수적인 계좌이다. 다만, 의무보유기간이 3년이기 때문에 납입 원금 합계액 한도 내에서 언제든지 인출이 가능하지만, 의무보유기간은 꼭 지켜서 절세를 받도록 하자.

이때 주의할 점은 이들 계좌는 계좌에 담긴 상품들의 세금을 절세해 주는 효과만 있지 상품 자체를 보호해주거나 수익률을 올려주는 등의 기능은 없다. ISA계좌의 만기나 해지 시점에 세금을 일괄적으로 계산하여 세금을 징수하여 차감된 금액을 지급하기 때문에, ISA계좌 내에서 투자하는 동안에는 과세이연 효과를 누리게 된다. 주의할 점은 일반형 중개 ISA 계좌의 최대 400만 원 비과세는 기간 합산이기 때문에 매년 400만 원 비과세 혜택이 아닌 것을 명심하자.

일반계좌 및 중개형 ISA계좌의 비과세 한도

구분	일반계좌	중개형 ISA계좌	
매매차익	비과세	비과세	
채권이자	15.4% 원천징수 또는 종합과세 (6.6~49.5%)	*서민형, 농어민형 400만 원 비과세	*일반형 200만 원 비과세
		초과분 9.9% 과세	
납입한도	제한 없음	연 4,000만 원, 총 2억 원까지. 다만, 연 입금한도 못채운 경우 한도잔량은 다음 연도로 이월	
가입자격	제한없음	만 19세 이상, 최근3년간 금융소득종합과세대상이 아니었던 자. 단, 서민형의 경우 별도로 근로소득이 5천만 원 이하에 한해 가입 가능	

※ 기 납입한도 및 비과세한도는 정부 정책에 따라 증액 예정임.

2. 추가적인 종류의 채권

1. 신종자본증권

(1) 신종자본증권이란?(신종자본증권의 이해)

신종자본증권은 정확하게 어떤 개념일까? 말 그대로 '새로운 종류의 자본으로 인정받는 증권'으로 이해하면 될까? 여기서 우리는 신종자본증권의 개념 이해를 돕기 위해 여러 증권들과의 다양한 비교를 통해 알아 보도록 하겠다.

| 각 증권의 변제순위 |

담보부채권 〉 선순위채권 〉 후순위채권 〉 신종자본증권 〉 우선주 〉 보통주

| 각 증권의 금리수준 |

담보부채권 〈 선순위채권 〈 후순위채권 〈 신종자본증권

담보부채권은 말 그대로 담보가 설정되어 있어 내가 투자한 채권의 발행사가 파산하여 채무불이행이 발생하더라도 설정된 담보를 매각하여 내 원리금을 변제 받을 수 있다. 즉, 선순위채권보다도 더 변제순위가 앞에 있다고 볼 수 있다.

선순위채권은 가장 일반적인 회사채를 말하는데 채무자(기업)가 채권자(투자자)에게 정기적으로 이자를 지급하며(일반적으로 3개월마다) 만기에 원리금을 상환할 의무가 있는 채권이다. 기업 입장에서는 부채로 인식되며, 담보나 보증이 없기 때문에 통상 무담보/무보증사채라고도 불린다. 후순위채권 및 후후순위채권(신종자본증권)보다 변제순위가 앞에 있다는 것을 알리기 위해 일반적인 채권을 선순위채권이라고 명칭하여 구분하게 되었다.

후순위채권은 일반적인 회사채인 선순위채권보다 변제순위가 뒤에 있는 채권을 말한다. 즉, 회사가 파산하여 청산을 하게 되면 선순위채권자들의 채무를 모두 변제한 뒤에 후순위채권자들의 채무를 변제하게 된다는 말이다. 앞에서 채권의 상환 리스크가 커질수록 금리가 높다는 것을 배웠다.

그렇다면 후순위채권은 선순위채권보다 금리가 높을텐데, 기업 입장에서 이자지급 부담이 큰 후순위채권을 왜 발행하는 것일까? 그 이유는 기업이 후순위채권을 5년 이상 만기로 발행하면 부채가 아닌 자본(보완자본)으로 인정받을 수 있어 기업의 재무구조를 개선하는 효과가 있기 때문이다.

그래서 대다수의 후순위채권은 5년 이상(통상 7년이나 10년)으로 발행하거나 장기(10년 이상)로 발행하되 콜옵션(발행사의 조기상환 권리, 일반적으로 5년)을 부여하여, 기업은 후순위채권을 자본으로 인정받고 투자자들은 장기 투자에 대한 부담감을 줄여주는 서로가 win-win 하는 형태로 발행되고 있다.

신종자본증권은 후순위채권보다도 더 변제순위가 뒤에 있어 후후순위채권이라고도 불린다. 신종자본증권은 후순위채권보다도 상환 리스크가 더 크기 때문에 후순위채권보다도 높은 금리로 발행된다. 발행 이유는 부채가 아닌 자본으로 인정받을 수 있다는 점에서 후순위채권과 같지만, 보완자본이 아닌 기본자본(보완자본과 기본자본은 바젤Ⅲ 자기자본비율 해설에서 설명)으로도 인정받을 수 있다는 점에서 후순위채권과 차별화 된다. 즉, 후순위채권보다 변제순위는 낮지만 반대로 자본적인 성격은 더 강하다고 할 수 있다.

우선주는 신종자본증권보다는 변제순위가 뒤지만 보통주보다는 우선 변제 받을 수 있는 권리가 있는 주식이다. 또한 통상 배당 시 보통주보다 높은 배당률을 인정 받는다. 다만, 우선주는 주주의 의결권이 없어 주주총회에서 의결권을 행사할 수 없다는 단점이 있다.

보통주는 우리가 알고 있는 일반적인 주식을 말한다. 가장 변제순위가 뒤에 있으며 주주는 투자한 회사와 운명을 같이하는 '운명공동체'라고 할 수 있다. 그렇기 때문에 주주총회에 참여하여 회사의 주요 사안에 대해 의결권을 행사할 수도 있다. 기업 입장에서는 자본으로 인식되며, 우선주와 구분하기 위해 보통주라고 명칭을 정하게 되었다.

채권(회사채), 신종자본증권[1], 주식(보통주) 비교

구분	회사채	신종자본증권	보통주
금리	낮음 (신용도에 따라 다름)	높음	없음
만기	있음	없음 (조기상환 가능)	없음
자본/부채 (자본인정)	부채	자본 (AT1:추가기본자본)	자본 (CET1:보통주자본)
상환순위	선순위	후후순위 (후순위보다 후순위)	최후순위 (상환의무 없음)
자본차익 (유통거래)	가능 (유동성에 따라)	가능 (유동성에 따라)	가능

1) 신종자본증권 : 바젤Ⅲ의 규제를 받는 은행/금융지주 신종자본증권으로 가정

(2) 신종자본증권의 개념을 혼동하게 만드는 것들(오해와 진실)

하이브리드채권(hybrid bond)

주식과 채권의 특성을 동시에 가지고 있는 증권을 말한다. 신종자본증권과 자주 혼용해서 사용되지만 전환사채(CB), 신주인수권부사채(BW) 등의 메자닌증권도 하이브리드채권으로 불리기 때문에 엄밀히 말해 같은 개념은 아니다.

영구채(perpetual bond)

만기가 정해져 있지 않은 채권이다. 신종자본증권과 혼용해서 사용되지만 만기가 있는 신종자본증권도 있기 때문에 엄밀히 말해 같은 개념은 아니다.

코코본드(CoCo bond, contingent convertible bond, 조건부 자본증권)

유사 시 원금이 주식으로 강제 전환되거나 상각되는 조건이 붙어있는 채권을 말한다. 회계기준상 자본으로 분류할 수 있는 채무증권이기 때문에 높은 재무 건전성이 요구되는 금융기관(은행, 금융지주회사 등)이 주로 발행하고 있다. 코코본드에는 신종자본증권 뿐만 아니라 후순위채권도 있기 때문에, 엄밀히 말해 신종자본증권과 같은 개념은 아니다.

또한, 바젤Ⅲ 규제를 받는 은행과 은행을 소유한 금융지주의 신종자본증권 외 다른 신종자본증권들은 코코본드가 아니어도 즉, 주식전환이나 상각조건을 넣지 않아도 자본으로 인정받을 수 있기 때문에 코코본드와 신종자본증권은 같은 개념이 아니다.

(3) 신종자본증권을 투자하는 이유는?(투자 매력도 점검)

"신한금융지주 신종자본증권! 이자율 5.1%로 5년 투자!"

KB금융지주와 국내 1위를 다투는 금융지주회사인 신한금융지주에서 5년짜리 채권을 5.1%의 이자율로 발행하였다. 투자자 입장에서 신한금융지주의 5년짜리 채권 금리 수준(발행일 2023.01.30 기준 4.539%)을 감안했을 때, 너무나 매력적인 금리상품이 아닐 수 없다. 정말 이 채권은 단순히 신한금융지주에서 5년 만기 채권을 발행한 것일까? 일단 이 채권의 발행일인 2023년 1월 30일로 돌아가보자. 그날 5년 만기 회사채(AAA)의 평균금리는 4.286%이었다.

신한금융지주도 AAA의 국내 최고 신용등급을 보유하고 있다. 그런데 어떻게 5.1%라는 이자율이 나올 수 있는 것일까? 발행조건을 하나씩 살펴보자. 먼저 이 채권의 신용등급은 발행사인 신한금융지주의 AAA가 아닌 AA−(AAA보다 3단계 하위 등급)로 평가 받았다. 또한 만기가 없고 유사시 이자가 미지급되거나 원금이 상각되는 조건이 달려 있다고 한다.

이제 천천히 투자 판단을 해보자. 신종자본증권은 AAA급 채권에서는 볼 수 없는 고금리 상품임에는 틀림이 없다. 다만, 유사 시 이자가 미지급될 수 있고, 원금이 상각될 수 있다고 한다. 그렇다면 그 가능성은? 실제로 국내에서 발행된 AAA급 은행/금융지주의 이자 미지급 혹은 원금상각 사례는 없다.

유사시라 함은 은행/금융지주가 부실금융기관에 지정되거나 경영관련 제재를 받을 경우인데, 높은 재정건전성 기준을 적용 받는 국내 은행/금융지주에 그런 상황이 발생할 경우는 심각한 국가적 경제위기가 아니고서는 어렵다고 보는 것이 타당하다. 그리고 만기가 없는 영구채인데 발행사의 5년 조기상환옵션(콜옵션)이 달려있다.

그렇다면 5년 뒤 콜을 행사하지 않을 가능성은? 적어도 국내에서 발행된 AAA급 은행/금융지주의 신종자본증권은 처음 도래하는 콜을 항상 행사해서 발행 후 5년 뒤 원리금을 상환했다(2009년 USD표시 우리은행 후순위채권의 경우 콜을 미행사한 사례는 있음. 또한 외국의 은행 및 금융지주의 경우 콜을 행사하지 않은 케이스가 다수 있음). 즉, 투자자 입장에서 국내 신종자본증권은 그 동안의 관행을 고려했을 때, AAA급 발행사의 채권에 투자하면서 5년 동안 발행사의 선순위채권보다 더 높은 이자를 안정적으로 받으면서 5년 뒤 원금을 상환 받을 가능성이 매우 높은 금리상품이다.

(4) 은행이 신종자본증권을 발행하는 이유

2013년말 바젤위원회의 바젤Ⅲ 규제안이 우리나라에 도입되면서 은행 혹은 금융지주회사는 바젤Ⅱ 대비 상향된 보통주자본비율 (2% → 7%), 기본자본비율 (4% → 8.5%), 총자본비율 (8% → 10.5%)을 충족시켜야 했고, 전반적인 자본 확충을 위해 코코본드(조건부자본증권)를 발행하게 되었다.

BIS 자기자본비율을 높이기 위해 발행하는 조건부자본증권(신종자본증권, 후순위채)은 바젤Ⅲ 하에서 반드시 '전환' 혹은 '상각' 조건으로 발행해야 자본으로 인정받을 수 있다. 이렇게 전환이나 상각조건을 포함한 신종자본증권을 발행하면 기본자본으로 인정받을 수 있고, 후순위채권을 발행하면 총자본으로 인정받을 수 있다.

바젤위원회

바젤은행감독위원회(BCBS : Basel Committee on Banking Supervision)를 줄여 "바젤위원회"라고 부른다. BIS 기준 자기자본비율 등 은행건전성 기준을 제정하고, 각 금융당국간 협력 및 정보교환을 촉진하는 역할을 담당하고 있다. 스위스 바젤의 국제결제은행(BIS : Bank for International Settlements) 내에 위치하고 있다.

바젤 III

1988년 바젤위원회가 신용리스크에 대한 자기자본 보유의무를 규정한 바젤 I 을 도입한 이래 국내 금융당국도 최저 자본규제의 기능으로 1992년 도입하였다. 하지만 2000년대 후반 금융위기가 발생하면서 바젤위원회는 2010년 12월 바젤 III 기준서를 발표하였다.

우리나라는 2013년 12월 1일 바젤 III를 도입하였다. 금융위기처럼 외부 충격이나 위기 시 손실을 흡수하는 역할을 하는 자본을 충분히 보유하게 하기 위해 자본규제를 양적, 질적으로 시행하여 보통주 자본비율을 신설하고 자본 인정요건의 강화와 완충 자본제도를 도입하였다. 즉, 더 많은 자본을 확충하는 제도를 만들었다.

은행 입장에서는 채권발행을 통해 손쉽게 자본을 조달하여 자본비율을 높일 수 있고, 투자자 입장에서는 신용도가 높은 금융기관의 채권을 고금리로 투자할 수 있는 기회라는 점에서 채권 공급자와 수요자의 니즈가 충족되어 현재까지도 지속적으로 발행 및 유통되고 있다.

바젤 Ⅲ 하의 자본 구성

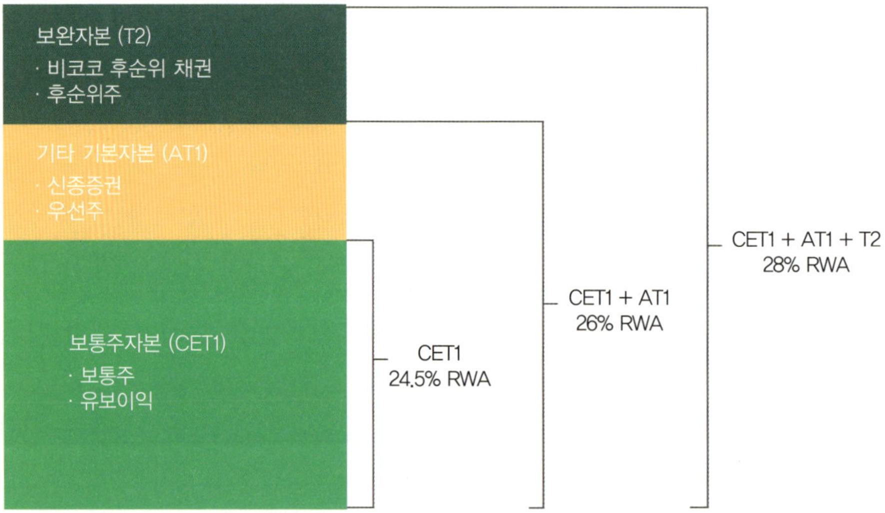

BIS 자기자본비율

자본 체계의 조정

자본 요구 사항 및 완충장치 (단위 : %)

	보통주 1단계	1단계 자본	총자본
최저	4.5	6.0	8.0
보존 완충	2.5		
최저+ 보존 완충	7.0	8.5	10.5
경기대응 완충 범위	0~2.5		

〈출처 : BIS 홈페이지 참고〉

2023년 상반기 발행된 국내 은행/금융지주 신종자본증권 LIST

발행일	발행기관명	만기일	금리(%)	발행액(억원)	신용등급
2023-01-30	신한금융지주	영구채(5년콜)	5.14	4,000	AA-
2023-02-03	KB금융지주	영구채(5년콜)	4.90	5,500	AA-
2023-02-03	KB금융지주	영구채(7년콜)	5.03	500	AA-
2023-02-03	우리금융지주	영구채(5년콜)	4.65	3,000	AA-
2023-02-16	하나금융지주	영구채(5년콜)	4.45	4,000	AA-
2023-02-24	JB금융지주	영구채(5년콜)	5.80	1,500	A+
2023-02-24	대구은행	영구채(5년콜)	4.73	1,000	AA-
2023-02-27	국민은행	영구채(5년콜)	4.67	4,100	AA-
2023-03-09	DGB금융지주	영구채(5년콜)	5.09	1,160	AA-
2023-03-13	기업은행	영구채(5년콜)	4.53	6,000	AA
2023-05-31	NH농협금융지주	영구채(5년콜)	5.30	4,000	AA-
2023-06-26	(주)DGB금융지주	영구채(5년콜)	5.80	1,500	AA-

보험사와 은행/금융지주와의 비교

구 분	보험사		은행 및 금융지주	
	후순위채권	신종자본증권	후순위채권	신종자본증권
근거조항	보험업감독규정 제7-10조 제1항, 제4항, 제7항	보험업감독규정 제7-11조의 2	은행업(금융지주) 감독업무 시행세칙 별표3	
자본유형	보완자본	기본자본/보완자본	보완자본	기타 기본자본
만기	5년 이상	30년 이상	5년 이상	영구채
상각/전환조건	없음	없음	유사시 상각 또는 전환조건	
이자지급 임의성	없음	발행사 재량 또는 특정사유 지급정지	부실금융기관 지정시 영구취소	경영개선권고 이상 조치 시 이자지급 제한 및 취소 재량
자본인정 한도	요구자본 50% 이내	요구자본10% 이내-기본 요구자본50% 이내-보완	발행한도 제한 없음	
자본인정 비율	잔존 5년 미만시 매년 20%씩 차감	100%	잔존 5년 미만시 매년 20%씩 차감	100%
Step-Up	없음	1회(발행 10년 경과시)	없음	
신용평가	-1 notch	-2 notch	-2 notch	-3 notch

(5) 신종자본증권의 위기 혹은 기회

크레딧스위스 신종자본증권 전액 상각

2023년 3월 19일 스위스 정부와 금융감독청(FINMA)의 개입 하에 CS는 UBS에 인수되었는데, 이 과정에서 CS의 AT1채권(코코본드–신종자본증권) 170억 달러가 전액 상각되었다.

CS의 신종자본증권 상각조건은 ① 보통주자본비율이 7% 이하로 떨어지거나, ② 금융감독청(FINMA)이 상각이 필요하다고 결정하거나, ③ CS그룹의 파산 등 위기 상황을 방지하기 위해 공공부문 자본지원이 필요한 경우이다. 위의 상각은 ③의 사유로 이루어졌다. 다만, 보통주보다 선순위인 CS의 신종자본증권을 먼저 전액 상각한 것에 대한 논란이 있었다.

이에 신종자본증권의 가격이 폭락하게 되었고, ECB는 이를 진정시키기 위해 "보통주는 손실을 흡수하는 첫 번째 도구이며, 이를 완전히 사용한 후에 신종자본증권을 상각해야 한다."라고 성명을 발표하여 금융시장의 혼란을 진정시켰다.

국내 신종자본증권의 상각 조건은 금융산업의 구조개선에 관한 법률에 따른 '부실금융기관 지정'이다. 부실금융기관 지정의 여러 요건 중 자본비율 조건은 총자본비율, 기본자본비율, 보통주자본비율은 각각 4%, 3%, 2.3%(은행업감독규정 제 42조)이다. 현재 국내 은행의 자본비율은 양호하며, 상각 가능성은 제한적으로 평가할 수 있다. 다만, 국내 신종자본증권 투자 시, 매우 심각한 경제 위기 상황에서의 원금상각 가능성과 같이 상품에 내재되어 있는 위험과 중도 환매 시 손실 가능성과 같은 시스템 리스크를 모두 고려하여 투자해야 하겠다.

흥국생명 외화 신종자본증권 콜옵션 행사 연기

흥국생명은 2022년 11월 1일, 11월 9일 첫번째 콜옵션(조기상환)이 도래한 외화 신종자본증권의 조기상환을 포기하겠다고 공표했다. 금융당국과 기획재정부는 사전에 조기상환 계획을 인지하고 있었고 발행사의 고유 권리라며 문제가 되지 않는 상황이라고 시장 진화에 나섰지만, 흥국생명 채권의 거래 가격은 30% 가량 급락했다. 국내 보험사는 물론 은행권의 외화 신종자본증권 가격까지 동반 하락하면서 상황은 점점 악화되어 가고 있었다.

이에 흥국생명은 11월 7일 기존 입장을 번복하고 콜옵션을 행사하기로 결정하였고, 금융시장의 충격은 점차 회복되었다. 사실, 콜옵션은 발행사가 재량에 의해서 행사할 수 있는 권리로 행사를 하지 않는다는 것이 문제가 될 것이 없었다.

다만, 외화표시 신종자본증권이긴 하나 국내 발행사가 발행한 만큼 신종자본증권의 콜옵션 행사와 관련해서 국내와 외국의 관행을 면밀히 살피지 못한 부분이 있었다. 외국의 경우 신종자본증권의 콜옵션 미행사가 발행사의 상황에 따라 종종 있었던 것에 반해, 국내는 원화 신종자본증권은 콜옵션 미행사가 전무하고 외화도 신종자본증권이 아닌 후순위채의 콜옵션 미행사가 단 1회(2009년 USD표시 우리은행 후순위채), 그것도 글로벌 금융위기 직후에 한번 있었을 뿐이었다.

따라서 이렇게 관행과 다른 콜옵션 행사는 투자자들의 예측을 벗어나는 행위로 금융시장에 큰 충격을 가져올 수 있다. 국내 신종자본증권의 콜옵션 미행사는 그만큼 더욱 신중하게 판단할 수 밖에 없고, 투자자 입장에서는 신종자본증권 투자 시 조기상환을 기대하고 투자하는 것이 타당하다고 할 수 있는 것이다.

2. 유동화증권

유동화증권을 알아보기 전에 ABS, ABCP, ABSTB 등 다양한 종류의 유동화증권 용어에 대해 알 필요가 있다. 유동화증권을 채권의 형태로 발행한 것이 ABS, 기업어음(CP)의 형태로 발행한 것이 ABCP, 단기사채(STB)의 형태로 발행한 것이 ABSTB이다.

(1) 유동화채권(ABS : Asset Backed Securities)

증권사에서 ABS를 취급한다면 많이들 이상하게 생각하고 웃는 경우가 있다. 하지만 ABS는 자동차 브레이크가 아니라 자산담보부 채권(ABS: Asset Backed Securities)의 뜻도 있다.

KALABS(유동화채권)가 리테일 고객들에게 판매될 때 많은 투자자들이 공통적으로 해오는 질문이 있었다.

"대한항공과 관련된 채권인데, 어떻게 대한항공에서 발행한 채권보다 신용등급이 높은가?"

KAL유동화채권은 대한항공이 항공권을 예매한 승객들로부터 받게 될 항공운임료를 담보로 하여 발행된 채권인데, 이는 대한항공의 신용등급과는 관련성이 낮고, 심지어 신용등급도 높은 채권에 해당한다. 어떻게 그럴 수 있을까. 핵심은 바로 이 ABS의 구조에 있다. ABS의 기본 구조는 아래와 같이 구성되어 있다.

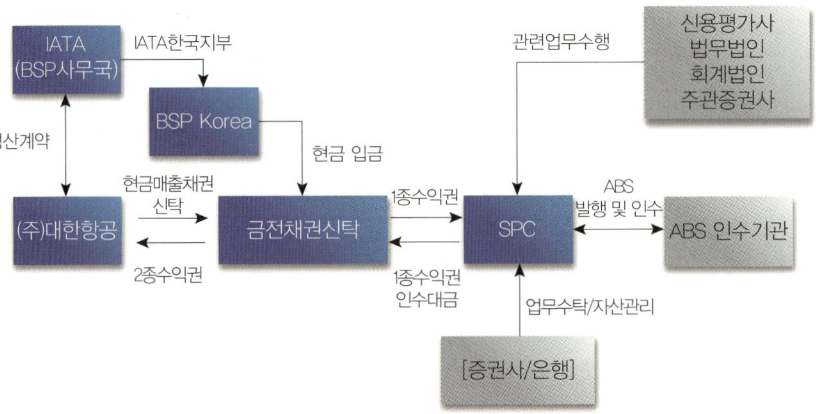

• IATA(국제항공운송협회:International Air Transport Association), BSP(은행정산제도:Billing and Settlement Plan)

〈출처 : 칼제십구차유동화전문 Sales Memo〉

ABS의 기본구조

대한항공이 현재 운영자금이 필요해서 돈을 빌려야 하는데 신용등급이 떨어져서 대한항공 자체 신용으로 채권 발행을 하게 되면 높은 금리로 채권을 발행해야 한다. 높은 금리를 발행하더라도 떨어진 신용등급 때문에 원하는 금액의 채권 발행이 어려울 수도 있다. 그래서 고안한 방안이 미래에 들어올 현금을 현재로 미리 앞당겨 쓰는 것이다.

대한항공은 여객이나 화물운송을 위해 수많은 개인 및 법인 고객들이 비행기표를 사게 된다. 모든 예약은 전산으로 이루어지기에 과거부터 현재까지 평균적으로 매출이 얼마인지도 알 수 있다. 자료에 따르면 대한항공의 은행정산 제도로 인한 현금 결제방식으로 항공권 평균 월 구매 금액이 1,130억 원에 이르는 것을 알 수 있다.

대한항공은 이 평균 현금흐름이 있으니 미래에도 지금처럼 들어올 것을 가정하여 1년 3개월부터 5년까지 다양한 만기로 총 9,000억 원의 채권을 발행할 계획이다. 월평균 1,000억 원씩 매출을 잡아도 1,000억 원×5년(60개월) = 약 6조 원으로 충분한 담보라고 할 수 있다.

이렇게 미래의 들어올 현금을 담보로 채권을 발행하기에 대한항공의 자체 신용등급인 A−보다 2등급이 높은 A+의 등급으로 보다 낮은 금리로 채권을 발행할 수 있다. 물론 대한항공이 채권만기 전에 어떠한 사유로 항공 노선을 제대로 운영하지 못하여 예상한 현금 금액보다 적게 들어올 리스크는 있다. 하지만 신탁계좌로 현금을 대한항공 계정과 분리하여 받고 채권의 상환액에 대해서 필요 적립액을 미리 적립하기에 대한항공의 자체 신용채권보다는 훨씬 안전하다고 할 수 있다. 이러한 장점 때문에 대한항공과 아시아나 항공에서 ABS발행을 하면 리테일 창구를 통해 개인들의 채권 투자가 많은 편이다.

지금까지 미래 매출을 유동화하여 발행하는 형태의 ABS를 알아보았다. ABS의 종류는 기초자산, 형태별로 매우 다양하다. 글로벌 금융위기에 전세계적으로 알려진 MBS(모기지유동화) 뿐만 아니라 핸드폰 단말기 할부대금 유동화, 신용카드 매출채권 유동화, 자동차 할부대금(오토론) 유동화, 기업이 보유한 매출채권 유동화 등이다. 또한 외부신용보강을 통하여 원래의 채권 등급보다 높은 신용을 제공하는 방법도 있다. 제3자에 해당하는 금융기관 또는 사업과 연관성을 가지고 있는 높은 신용등급의 회사가 ABS의 상환금액에 대해서 지급을 보증해주는 형태이다.

또 다른 신용보강 장치로는 내부신용보강이 있다. 유동화자산에 대해 선순위와 후순위로 구분된 ABS를 발행함으로써, 선순위의 원리금 상환확률을 높일 수 있다. 따라서 선순위는 높은 신용등급을 가지게 되고 그만큼 낮은 금리로 발행되게 된다. 후순위의 경우 낮은 신용등급에 맞춰 높은 금리로 발행되거나 후순위 부분에 대해서만 외부신용보강을 받아 외부신용보강기관의 신용등급을 부여 받는다.

그 외에 초과담보의 형태로 내부신용보강을 하기도 한다. 즉, 담보로 제공되는 유동화자산의 가치가 100억 원이면, ABS 총 발행금액을 70억 원 정도로 제한을 둬서 원리금 상환과 관련된 위험 수준을 낮춰주는 것이다.

자산담보부증권과 관련된 중요한 장치로써 유동성보강을 빼놓을 수 없다. 자산담보부증권 중에는 유동화 자산의 원리금 상환스케줄이 장기간인 경우, 투자자 모집을 용이하게 하기 위해서 자산담보부증권의 만기를 짧게 끊어서 발행하는 경우가 많이 있다.

ABS의 만기가 도래할 때마다 새로운 ABS를 차환하여 발행하면서 기존의 투자자들에게 원리금을 상환하게 되는데, 만약 차환발행이 원활하게 진행되지 못하면 기존의 투자자들의 원리금상환이 어려움에 빠질 수 있다.

이러한 경우, 1차적으로는 외부신용보강기관에게 상환의 책임이 있다. 외부신용보강을 해주는 기관에서 매번 현금을 마련해 놓는 것은 여간 어려운 일이 아니다. 따라서 항상 풍부한 현금을 보유하고 운용하는 증권사가 유동성보강 계약을 체결하여 차환발행 시의 유동성을 보강해주게 되는 경우도 많이 있다.

이러한 자산담보부채권의 출현은 금융시장에 큰 변화를 가져다 주었다. 매출채권이나 대출채권 자산의 보유자인 기업이나 은행은 이를 SPC에 양도하고 ABS발행을 통해 현금화함으로써 재무제표에 현금흐름을 개선할 수 있게 되었다. 증권사의 경우, ABS의 발행과 판매를 통해 새로운 수익원을 확보하게 되었고, 투자자의 경우 더욱 다양한 등급과 금리의 채권들을 선택할 수 있게 되어 투자의 폭이 넓어지게 되었다.

(2) 유동화 기업어음(ABCP : Asset Backed Commercial Paper), 유동화 단기사채(ABSTB : Asset Backed Short Term Bond)

국내 리테일 투자자들에게 가장 익숙한 구조의 유동화증권은 아무래도 ABCP(자산담보부기업어음) 또는 ABSTB(자산담보부단기사채)일 것이다. ABCP의 경우 CP의 특성을 가지고 있기 때문에 통상 10억 원 이상의 액면을 가진 여러 장의 권종으로 발행되는데, 이러한 이유로 특전금전신탁을 통해서 다양한 투자자를 수익자로 하여 판매되고 있다.

ABSTB의 경우 액면 1억 원 이상은 1원 단위로도 거래가 가능하기 때문에 1억 원 이상의 자산을 운용하는 투자자들에게 매우 유용한 단기투자 수단으로 활용되고 있다. 리테일 고객들에게 판매되는 ABCP와 ABSTB의 상당 비중은 건설사업과 관련된 미래의 현금흐름(분양대금)을 유동화시킨 PF (Project Financing) ABCP / ABSTB에 해당하고, 국내 또는 해외의 예금자산을 유동화시킨 예금담보 ABCP 역시 자주 판매되고 있다. ABS보다는 짧은 만기로 발행되는 ABCP와 ABSTB 중 일반적으로 만기가 더 짧고 개인 고객들이 가장 많이 찾고 있는 ABSTB를 중심으로 알아보도록 하겠다.

유동화 단기사채는 증권사들의 리테일 고객들에게 가장 사랑받는 상품 중 하나이다. PF투자와 같은 건설사 관련 상품들이 주를 이루고 있으며 무엇보다 단기 고금리 채권으로 인기가 있다. 어떤 성격을 가진 상품인지 보다 자세히 알아보도록 하자.

2013년부터 새로운 상품이 유행하기 시작했다. 단기사채로 불리우는 STB(Short Term Bond)가 바로 그것이다. 예금 대비 금리가 우월하니 여기저기서 투자하라고 아우성인데, 예금만큼 안정적인 상품이라고 할 수 있을까? 아니, 그전에 단기사채가 도대체 무엇인가? 단기사채는 본래 CP시장의 폐쇄적인 구조를 개선하고자 도입된 것인데? 아니, CP는 또 무엇일까?

심화편

단기사채의 역사는 잠시 후 다시 이야기하기로 하고, 우리가 투자할 수 있는 단기사채의 일반적인 특성을 먼저 살펴보자.

첫째로, 단기사채는 채권과 마찬가지로 확정금리상품이다. 그런데 3개월마다 이자를 지급하는 채권과 달리, 단기사채는 세전만기금액(액면금액)을 매매 시 협의된 할인율로 할인하여 매매되는 형태를 지닌다. 예를 들어 표면금리가 3%인 만기 1년 채권을 액면가 10,000원에 사서 1년동안 3%의 이자를 받는 것과는 대조적으로, 할인율 3%인 단기사채 액면 10,000원을 9,700원에 매수하여 만기에 10,000원을 받는 식이다. 이와 같이 단순한 구조로 인해 종종 은행예금 또는 증권사 단기 확정금리상품과 비교되곤 한다. 물론 유사한 점만큼이나 차이점도 있음을 참고해야 한다.

둘째로, 단기사채의 만기는 보통 3개월이다. 각 증권사 영업점에서 추천하는 단기사채 상품들은 간간히 1개월 만기의 상품이 보이기는 하지만, 일반적으로 3개월인 것이다. "나는 1년 정도 투자하고 싶은데?" 그럼 3개월짜리 단기사채를 4번 투자하면 된다. 1년짜리 상품이 나왔으면 좋겠지만 그런 단기사채는 보이지 않는다. 그 이유는 다음 특성에서 설명한다.

셋째로, 그리고 둘째 특성과의 높은 상관이 있는 요소로서, 3개월 이하 만기의 단기사채는 발행 시 증권신고서 제출이 면제된다. 이제 좀 이해가 될 것이다.

즉, 발행사들은 3개월 만기의 단기사채만 열심히 발행하면서 증권신고서를 제출하는 부담을 벗어 던지는 것이다.

결국 금융감독원 공시정보 사이트에도 이러한 단기사채들은 증권신고서도 투자설명서도 존재하지 않는다.

넷째로, 증권사를 통해서 추천받는 단기사채 상품들은 거의 대부분 자산유동화 단기사채다. 특히 건설사업과 연관된 PF단기사채가 가장 흔하다. 따라서 이것만 보면 "단기사채는 대부분 PF단기사채가 발행되는구나" 하고 오해하기 쉬우나, 실제 발행량은 자산유동화와 관련 없는, 상장기업들이 단기자금조달을 위해 발행한 단기사채가 훨씬 큰 규모를 차지한다. 그러나 이러한 단기사채들은 만기가 1주일 혹은 짧게는 하루, 이틀짜리로 발행이 되고 있으며 대부분 기관들에 의해 소화된다.

마지막으로, 단기사채는 채권과 유사하게 신용등급을 가지고 있다. 그러나 신용등급 표기 체계가 채권과 다소 차이점이 존재한다(단기/장기 신용등급 차이 참고).

요컨대 개인 투자자들이 접하는 단기사채는 주로 3개월 만기의 자산유동화 단기사채(특히 PF단기사채)이며 증권신고서가 없다. 그렇다면 과연 이러한 상품에 투자하는 것은 충분히 안정적인가?

PF단기사채를 예로 들어보자. 태전제이차㈜는 ㈜효성이 착공하는 공동주택 건설사업과 관련된 상품으로써, 해당 사업장의 시행사(㈜XXXX)로의 대출을 유동화하여 발행한 단기사채다. 자산유동화증권의 구조에 대해 이해하는 것은 좀 더 나중에 알아보기로 하고 결론만 말하자면 이 단기사채는 ㈜효성의 신용보강이 되어 있어 결국 ㈜효성의 단기사채에 투자하는 것과 유사한 신용도를 가지게 된다.

이 단기사채 종목의 기초자산은 2015년 2월 ~일부터 2016년 ~월 ~일까지, SPC(나중에 다시 설명)에서 시행사로의 대출(Loan)이다. 이를 3개월씩 쪼개어 새로운 증권(PF단기사채)을 만들어 시장에 매출하는 것이다. 앞서 말한 신용보강은 이 본 대출에 대한 신용보강이므로, 3개월 만기의 단기사채의 만기시점에 액면금액을 상환받는 것을 보증한다는 뜻은 아니다.

이를 상환 받기 위해서는 새로이 발행되는 3개월 만기의 단기사채(차환물)가 충분히 매출되어야 하며, 이 자금으로 기존 단기사채 투자자의 투자금을 돌려주는 것이기 때문이다. 만약 이러한 작업이 원활히 일어나지 못할 경우 단기사채 투자자는 상환을 3개월이 아니라 1년, 2년을 기다려야 할 수도 있을 것이다.

따라서 이러한 위험을 피하기 위해 대부분의 단기사채는 증권사 등의 유동성 보강장치가 마련되어 있다. 태전제이차㈜ 단기사채의 경우 새로 발행되는 단기사채에 대하여 미래에셋증권이 시장에서 소화되지 못한 물량을 매입하여 주기로 약정이 되어 있다(매입약정). 이를 통해 기존 단기사채 종목의 투자자가 투자 3개월 시점에 정확하게 액면금액을 상환 받을 수 있는 것이다.

하지만 또 하나의 맹점은, 위 매입약정은 주로 신용보강을 하고 있는 주체(여기서는 ㈜효성)의 신용등급이 일정 등급 이하로 하락하면 효력을 상실한다는 것이다. 만약 ㈜효성의 신용등급이 계약서에 약정된 등급 이하로 하락하면 매입약정의 효력은 사라지고, 결국 단기사채 투자자의 원금회수가 늦어지는 일이 발생한다. 이 상태에서 행여라도 ㈜효성의 재무구조가 더 악화된다면? 상상만 해도 아찔하다.

다행히 이러한 위험 요소까지 제거한 단기사채도 있다. 증권사의 유동성 보강의 종류가 다른 것인데, 이를 "매입약정"이 아닌 "매입확약"이라고 부른다. 이는 매입확약 증권사가 신용보강 회사의 신용에 어떤 일이 발생하더라도 무조건 차환물을 매입해 주는 조건이다. 즉, 단기사채 투자자들은 3개월 시점에서 매입확약 증권사가 부도나지만 않았다면 무조건 액면금액을 상환 받는 상품인 것이다. 즉 이는 증권사의 신용도에 투자하는 것과 같아 매우 안정성이 높다. 다만 이러한 상품은 높은 안정성만큼이나 낮은 수익률을 제공하므로 투자자의 선택의 고민은 계속될 수 있다.

(3) 투자하기 좋은 유동화증권(ABSTB를 중심으로)을 고르는 방법

상대적으로 높은 금리 때문에 자산유동화 단기사채(ABSTB)라고 하는 구조화된 단기사채가 많이 판매되는데, 대부분 PF를 기초로 하는 구조이다. 금리가 다른 단기상품들보다 높아 개인 및 일반 법인들이 많이 찾는 상품이다. 각각의 단기사채 구조가 상이하여 어떤 기준으로 선택해야 하는지 처음 투자하는 투자자는 선택에 어려움을 겪는다. 좋은 단기사채 고르는 방법에 대해 단계적으로 확인해 보자

① 신용등급 확인은 필수

이전에 언급한대로 채권을 투자할 때 가장 중요한 것이 채권의 신용등급이다. 채권의 신용등급에 대해서는 앞에서 내용을 다루었다. 단기사채는 단기로 발행되는 채권이기에 단기신용등급의 체계로 평가된다.

가장 높은 신용등급은 A1이다. 당연한 말이지만 신용등급이 높은 단기사채일수록 금리가 낮고 신용등급이 낮을수록 금리가 높다. 높은 신용등급부터 낮은 신용등급까지 단기사채가 발행되지만 필자가 권유하는 등급은 A1, A2+, A2 까지다. 단기사채는 A3등급까지 발행되고 일부 투자자들이 매수하기도 하지만 고금리에 따르는 투자위험도 분명 있기에 투자 시 위험에 대해서 확실히 고민을 하고 투자하여야 한다.

A1등급은 기초자산이 A1이 아닐지라도 보증하는 시공사의 등급이 A1인 경우와 확약(=신용보강)을 한 기관의 신용등급이 A1인 경우가 있다. A2의 경우에도 기초자산은 등급이 나쁘더라도 이를 보증하는 주체가 A2급 시공사인 경우나 확약(=신용보강)한 기관의 등급이 A2급인 경우가 있다.

A1 등급의 단기사채가 A2보다 신용등급이 높기 때문에 금리가 낮은 경우가 일반적이다. 하지만 간혹 현재 단기등급이 A1이지만 A2+로 떨어질 것이 확실하거나 시장에 특별한 이슈가 있을 때 수급적인 이유로 A1금리가 A2보다 높은 경우가 있다.

같은 등급이라도 보증한 증권사별, 건설사별 금리는 다를 수 있다. 이는 각 회사가 가지는 고유의 위험이 다르기 때문이다. 따라서 단기사채 투자 시 동일한 등급이라도 각각 어떠한 위험이 있는지, 만기 시까지 믿을 수 있는 회사인지 반드시 확인하고 투자해야 한다.

② 사업장(기초자산) 분석

같은 신용등급이고 같은 보증회사라고 하더라도 단기사채의 금리가 다를 수 있다. 이는 AB단기사채의 기초자산이 다르기 때문이다. 만약 두 PF사업장의 분양율이 극과 극이라면 이는 해당 사업장의 수익성 또는 안정성에 차이가 있다고 해석할 수 있는데, 기왕이면 사업진행이 원활한 PF사업장을 선택하는 것이 옳다. 따라서 PF사업 AB단기사채의 경우 적어도 공사장의 위치가 서울인지 경기도인지 지방인지, 현재 공사단계가 어느 정도까지 진행되었는지 반드시 확인해야 한다.

현재 발행되는 AB단기사채의 기초자산의 대부분은 부동산 즉 PF(Project Financing)이나, CLN(Credit Linked Note) 구조의 DLS(Derivatives Linked Securities), 매출채권 유동화, 중국은행 정기예금(달러 예금 또는 위안화 예금) 유동화, 선박운영 수익권 유동화, 항공기 유동화 등 다양한 자산을 기초자산으로 하는 AB단기사채들이 존재한다.

이러한 기초자산에 대한 분석은 필수이다. 이를 위해 증권사를 통해, 투자하려는 AB단기사채에 대한 Sales Memo를 받아 두자. 기초자산 및 신용보강 등에 대해 명시되어 있으므로 꼭 분석해보도록 한다.

③ 단기사채 구조

단기사채의 가장 일반적인 PF 구조는 어떤 식으로 구성될까? 하나의 공사현장에서 사업을 진행하려면 막대한 자금이 필요한데, 보통 몇 백억에서 몇 천억에 달하는 금액이다. PF사업을 주도하는 주체는 시행사인데, 일부 대형 시행사를 제외하고는 대부분 영세한 규모의 회사이다.

심화편

소규모 회사가 막대한 사업자금을 충분히 조달하는 것은 쉽지가 않다. 시행사는 사업을 구상하고 타당성을 따져, 1차적으로 은행 등 금융기관의 대출을 받겠지만, 은행 대출만으로는 사업을 시작하기 어렵기 때문에 금융시장에서 직접적으로 자금을 조달하기 마련이다. 시행사는 회사 규모가 작아서, 회사채를 발행한다고 해도 시장에서 낮은 금리로 자금을 조달할 수가 없다.

따라서 원활한 자금조달을 위해서, 일반적으로 해당 사업장의 수익권을 담보로 한 대출채권 유동화증권(결국 AB단기사채)을 발행하되, 해당 사업장을 건설하는 건설회사의 신용보강을 첨가한다. 대형 건설사들은 시장에서의 인지도가 있기에 이러한 건설사들의 신용보강이 첨가된다면 상대적으로 유리한 금리로 자금을 조달할 수 있는 것이다.

PF 단기사채의 일반적 구조

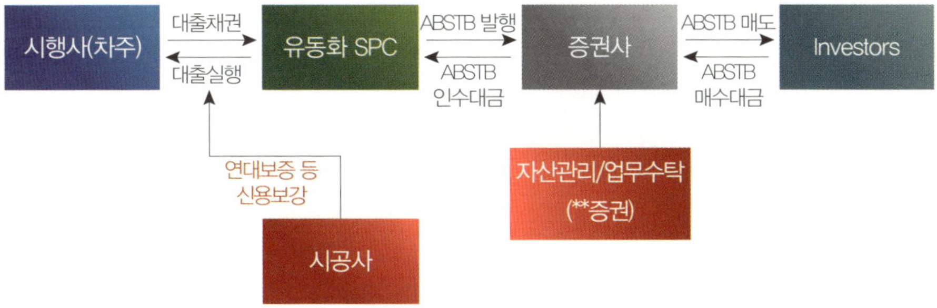

단기사채 관련 용어 설명

구 분	내 용
차주(시행사)	대출채무자로 일반적으로 시행사
유동화전문회사 (SPC, SPV)	자산보유자가 분리되어 자산유동화 업무를 하는 서류상의 회사 (Paper Company)
시공사	사업장의 공사를 진행하는 회사로 책임분양, 책임준공, 이자보증, 연대보증, 채무인수, 자금보충 등의 형태로 신용 제공
신용보강기관	Credit Line 등을 제공하여 단기사채에 존재하는 신용위험을 보강하는 기관
유동성 공여기관	단기사채의 매입약정 등을 통하여 유동성 위험을 보강하는 기관
업무수탁기관	유동화자산을 수탁 받아 투자자에 대한 수익을 보호하는 기관
신용평가기관	신용등급을 부여하여 투자자에게 투자의사 결정자료 제공
법무법인	각종 계약서 작성 및 법률적인 이슈 정리
연대보증	차주가 대주에게 부담하는 일체의 채무를 연대하여 보증하는 형태
채무인수	차주가 대주에게 부담하는 일체의 채무를 정해진 사유가 발생 시, 채무인수인이 차주의 채무를 인수하여 상환하는 형태
자금보충	SPC가 발행하는 단기사채의 상환재원 부족 시, 상환에 부족한 자금을 보충해 주는 방식
대출채권매입 확약	단기사채의 기초자산인 대출채권을 만기시점에 매입확약기관이 매입하는 약정을 통해 유동화증권의 등급을 부여
신용공여	SPC가 발행하는 단기사채의 상환재원 부족 시, 상환에 부족한 자금을 공여해 주는 방식
매입(보장) 약정	단기사채의 차환위험을 해소하기 위해 금융기관(주로 증권사)이 매입해 유동성을 공급해 주는 약정(단, 유동화자산의 원리금이 연체되거나, 신용등급이 일정 등급 이하로 하락하는 경우 매입약정 의무가 소멸됨)

(4) 유동화증권(ABSTB를 중심으로) 언제 사야 금리가 좋을까?

단기자금시장도 하나의 시장이기 때문에 수급에 의하여 금리가 결정되는 경우가 많다. 즉, 일시적인 시장 유동성이 위축될 때 금리가 급격하게 상승하는 경우가 많다. 또한 연말에 일반적으로 금리가 상승하는 현상을 볼 수 있는데 그 이유는 단순하다.

단기자금을 운용하는 기관들이나 증권사들이 연말이 오기 전에 북(=증권사 자체적으로 운용하는 펀드)을 클로징하고, 내년도 계획을 세우면서 새해 연초까지 대기하기 때문에 채권에 대한 신규 매수 수요가 줄어드는 것이다. 물론 투자자자금의 집행이 연말까지 이어질 수도 있지만 보통은 이러한 상대적으로 집행 금액이 전체적으로 감소하기 때문에 시중 단기 금리는 상승한다. 따라서 단기자금을 운용하는 투자자의 입장에서는 새해 연초보다는 전년도 연말에 단기사채를 사는 것이 일반적으로 유리하다고 할 수 있다.

혹은 특별한 이슈가 있을 때 해당 종목의 금리가 상승하기도 한다. 예를 들어 A건설사에 대한 좋지 않은 소문이 돈다면 해당 건설사와 관련된 AB단기사채의 기존 투자자들이 차환물에 대해 투자를 꺼리게 되어 수요가 급격히 줄어들면서, 결국 A건설사가 보증한 AB단기사채들의 전반적인 금리가 상승할 수 있다.

투자자 입장에서 A건설사의 이슈가 단기적인 것이고 회사의 펀더멘탈에는 이상이 없다고 판단한다면 이는 좋은 투자 기회가 될 수 있다. 이는 일종의 이벤트 드리븐(Event Driven) 투자 방식이라고 할 수 있다. 또한 2022년 10월 강원도가 ABCP지급보증을 거부한 레고랜드 사태와 같이 시장 전체에 부정적인 이슈가 발생한 경우 모든 AB단기사채들의 금리가 상승할 수도 있다.

단기사채, 이름이 너무 어려워요!

단기사채란, 기업이 사업에 필요한 단기자금조달을 목적으로 발행하는 만기 1년 이하 등 일정한 요건을 갖춘 사채로서, 기존 기업어음(CP)과 유사한 구조이다. 전자등록기관(한국예탁결제원)을 통하여 발행, 유통, 권리행사 등이 전자적으로 처리된다. 과거 CP의 법적, 실무적 한계를 극복하고 전자적 방식으로 발행, 유통, 권리행사가 가능한 새로운 플랫폼을 구축하여, 단기금융시장 선진화 및 전자증권도입 기반을 마련하는 것이 목적이다.

본래 CP(Commercial Paper)는 기업의 신용을 담보로 하여 발행하는 어음으로서, 채권에 비해 간편하게 발행하여 거래할 수 있었으며, 기업들이 급한 현금 등의 융통에 쓰기 위해 생겨난 것으로 만기가 짧은 것이 그 특징이다. 보통 3개월 단위로 발행되며 특정 액면 권종 단위로만 매매가 가능하다. (예를 들어 100억 원 권종으로 발행된 CP를 2명의 투자자가 50억 원씩 투자할 수 있도록 권종을 쪼개는 것이 불가하다.)

매수 시 할인한 금액에 세금을 붙인 세금선취거래가 일반적이며, 만기에 원금을 수령한다. 또한 만기 3개월 이내인 CP의 경우 증권신고서 제출 의무가 없었기 때문에, 신속하게 단기자금을 조달하고 발행시의 번거로움을 피하기 위해 3개월물 발행이 주를 이루었다.

그러나 CP시장은 금융감독 당국의 관리가 제대로 이루어지지 못했다는 문제점이 있었다. 누가 얼마나 발행했고, 투자자가 누구인지 명확하게 파악할 수 없었기 때문이다. 이렇게 통계에 잡히지 않는 금융거래를 '그림자 금융'이라고 하는데, 이러한 그림자 금융은 한 경제의 금융시스템의 위험을 제때에 감지하지 못하게 할 수 있다는 것이 문제였다.

더군다나 그림자 금융으로 인한 투자 손실이 전문투자자가 아닌 소액의 서민들에게 직접적으로 연관된다면 이는 더욱 큰 문제가 될 수 있다. 동양그룹 계열사 CP사태가 바로 이러한 사태의 전형적인 예다. CP는 본래 권종분할을 할 수 없도록 되어 있으나, 증권사신탁을 통해 이를 작게는 수백만 원 단위로까지 쪼개어, 전문투자자가 아닌 수많은 서민들의 소액 투자자금이 바로 이 CP에 집중되었던 것이다.

이러한 폐단을 막고자 단기사채가 새로 도입되었다. 단기사채는 첫 단계에서부터 증권의 실물이 없이 전자적으로 발행/유통되는 상품으로, 한국예탁결제원을 통한 집중적인 관리가 이루어진다. 또한 권면분할은 자유롭게 이루어지도록 하되, 최소 매매단위를 액면 1억 원 이상으로 하여 소액을 투자하는 서민들의 피해로 이어지지 않도록 하였다. 단기사채의 발행 요건은 다음과 같다.

[단기사채 발행요건]

① 각 사채의 금액이 1억 원 이상일 것

② 만기가 1년 이내일 것

③ 사채금액을 한꺼번에 납입할 것

④ 만기에 원리금 전액을 한꺼번에 지급한다는 취지가 정해져 있을 것

⑤ 전환권 등 다른 증권을 취득할 수 있는 권리가 부여되지 아니할 것

⑥ 사채에 물상담보를 붙이지 아니할 것

물론 여전히 CP는 발행되고, 또 유통되고 있다. 주로 기관들이 투자하나, 거액의 개인들 또는 법인투자자들도 증권사를 통해 종종 투자하고 있다. 다만 CP는 권종분할이 불가하여 투자에 다소 제약이 따른다.

유동화 증권 투자 시 유의사항 3가지

1. 외부신용보강기관이 확실하면서도 유동성보강까지 되어 있다면 안정성이 높은 유동화증권이다. 다만 신용보강과 유동성보강의 경우 계약에 조건이 걸려있는 경우가 있으니 이를 꼼꼼히 체크해야 한다. (eg1. 조건부 신용보강 : 책임준공 미이행 시 채무인수, eg2. 조건부 유동성 보강 : 신용보강기관의 신용등급이 일정 수준을 유지할 시에만 유동성 보강의무)

2. 증권사에서 제공하는 핵심설명서를 명확하게 확인할 필요가 있다. 증권사 직원에게 매수하는 ABSTB의 신용평가서를 요청하면, 신용평가사에서 해당 ABSTB의 구조도를 파악하고 평가한 내용을 확인해볼 수 있다. 용어가 낯설고 내용이 어려운 경우가 많기는 하지만 판매사에 문의하면 상세한 설명을 들어볼 수 있다.

3. 일반 투자자의 경우 내부신용보강만 되어 있는 유동화 증권은 피하는 것이 좋다. 과거에 이와 관련한 사기 사건이 발생한 적도 있었다. 실제로는 2014년에 몇몇 금융기관을 통해서 판매되었던 ABCP가 KT의 자회사인 KT ENS의 매출채권을 담보로 하여 KT ENS가 지급보증하는 구조를 가지고 있었는데, 이 매출채권이 허위로 작성된 것이 밝혀지면서 결국 투자자들만 손해를 본 경우도 있었다.

3. ESG채권

(1) ESG채권이란?

ESG채권은 환경(Environment), 사회(Social), 지배구조(Governance) 개선 등 사회적 책임투자를 목적으로 발행되는 채권을 말하고, 각각의 목적에 따라 녹색채권(Green Bond), 사회적 채권(Social Bond), 지속가능채권(Sustainability Bond)으로 분류된다. ESG채권으로 조달한 자금은 각각의 발행 목적에 맞게 환경 프로젝트와 사회 프로젝트에 사용된다.

ESG채권 유형별 발행량

(단위 : 억원)

구분	2018년	2019년	2020년	2021년	2022년
녹색채권	6,000	14,700	9,600	124,590	58,610
사회적 채권	3,000	18,900	43,200	273,955	304,674
지속가능채권	3,500	17,500	36,900	124,490	59,470
합계(MBS 제외)	12,500	51,000	89,700	523,035	422,754

〈출처 : 한국신용평가〉

국내 ESG채권시장은 공기업이 발행하는 기존 채권에 ESG인증을 받은 사회적채권의 편중이 심하고, 조달한 자금도 신규 ESG투자보다는 기존 사업에 활용하는 방식이 대부분이어서 새로운 ESG부문의 투자 확대를 위한 기능은 미흡하다. 또한, 실제로 ESG인증을 받는 것을 제외하면 일반적인 채권과 가격, 만기, 신용등급 등 차이점이 거의 없다.

다만, 최근 국내 대기업과 금융기관들은 환경 변화에 대응하여 ESG경영을 선언하고 다양한 ESG 관련 경영전략을 추진하고 있어 ESG채권의 발행 뿐만 아니라 투자도 대폭 증가할 가능성은 충분하다.

ESG채권 인증(Assessment) 평가 예시

(주)엘지에너지솔루션
녹색채권(Green Bond)

평가일 2023.06.13

평가담당자

조병준 실장
☏ 787-2227
byungjun.cho@kisrating.com

조정삼 팀장
☏ 787-2278
Jeongsam.cho@kisrating.com

발행 개요	
발행인	(주)LG 에너지솔루션
평가대상	제2-1,2-2,2-3회 무보증사채
ESG 종류	녹색채권(Green Bond)
발행예정금액	총 1조원
발행예정일	2023.06.29
만기	2년/3년/5년

녹색채권 평가[1]결과	
최종 평가	Part. 1 평가
GB1	E1
	Part. 2 평가
	M1

평가 의견

한국신용평가(주)(이하 "당사")는 당사의 ESG금융 평가방법론을 기준으로 (주)엘지에너지솔루션(이하 "동사")이 발행하고자 하는 총 1조원의 제2-1,2-2,2-3회 무보증사채(녹색채권)를 평가하였으며, 평가 결과 Part 1(프로젝트의 적격성, 자금투입 비중 등) 등급을 "E1", Part2(관리, 운영체제 및 투명성 평가) 등급을 "M1", 최종 평가등급은 "GB1"을 부여하였다. 또한, 동사의 녹색채권 Framework(이하 "관리체계")가 당사의 방법론 및 ICMA의 Green Bond Principles에 부합하는 것으로 평가하였다. 평가의 주요 고려 사항은 다음과 같다.

- 프로젝트가 적격사업 기준에 부합하고, 발행금액 전액을 적격 프로젝트에 투입 예정
- 전기차 배터리 생산공장 증설을 위한 해외 법인 증자 및 원재료 구매 프로젝트의 환경개선효과
- 선정기준 마련, 내부 승인절차 등 프로젝트 평가 및 선정을 위한 절차 완비
- ERP 시스템을 통한 자금관리, 미사용 자금 관리절차 등 '자금관리'체계가 ICMA 기준에 부합
- 성실한 보고 및 공시 계획
- 활발한 사회적 공헌 활동

〈출처 : 한국신용평가〉

(2) ESG채권 발행요건

ESG채권으로 인증 받으려면 발행 목적에 맞게 프로젝트(환경, 사회)가 적격사업에 부합하는지, 발행 금액이 얼마만큼 프로젝트에 투입되는지, 기타 자금관리 체계가 ICMA(국제자본시장협회, International Capital Market Association) 기준에 부합하는지, 사회적 공헌 활동을 활발하게 하는 지 등을 종합하여 평가한다.

(3) ESG채권 투자 전략

일반 채권과 달리 ESG채권은 발행 목적과 조달된 자금이 투입되는 프로젝트(환경, 사회)에 대한 검토가 필요하다. 투자대상 프로젝트의 진행 상황이 채권의 가격에 영향을 미칠 수 있기 때문이다. 또한 발행사에 그린워싱(Greenwashing) 과 같은 악재가 발생할 경우 채권의 가격에 악영향을 줄 수도 있다.

반대로 최근 주요 기업들과 금융기관들이 ESG경영을 선언하고 다양한 ESG 관련 경영전략을 추진하고 있어 ESG채권의 발행이 점차 증가할 수 있고, 채권을 매수하는 기관들도 ESG채권 편입을 점차 늘리는 방향으로 가고 있는 부분은 ESG채권 투자에 긍정적인 영향으로 작용할 수 있다. 또한 이러한 ESG채권에 대한 투자 저변이 확대된다면 개인들도 ESG채권 투자를 더 선호하게 될 수도 있다.

하지만 현재는 ESG채권이 ESG인증을 받는 것을 제외하면 일반적인 채권과 가격, 만기, 신용등급 등 차이점이 거의 없기 때문에 상기 언급한 ESG채권 투자에 영향을 미치는 요소들은 그 정도가 매우 미미할 수 있다는 것이 현실이다.

그린워싱(Greenwashing)

기업들이 실질적인 친환경 경영과는 거리가 있지만 녹색경영을 표방하는 것처럼 홍보하는 것

3. 해외채권 – 브라질 국채, KP(Korean Paper), 미국 국채

1. 브라질 국채 : 이자를 10%나 주면서 세금을 내지 않는다고?

브라질 국채 투자포인트

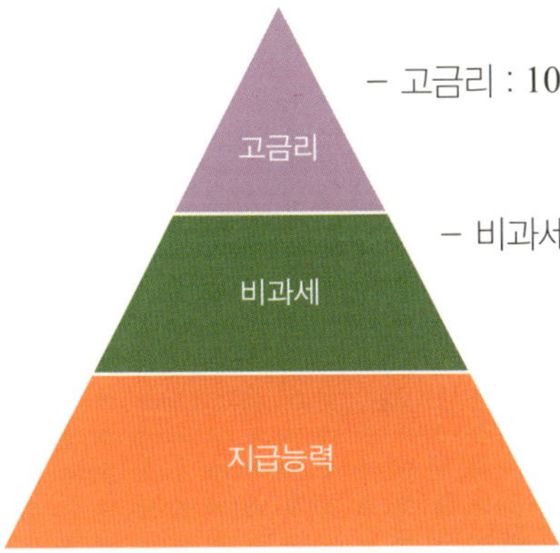

– 고금리 : 10%의 높은 이자율

– 비과세 : 한국과 브라질의 조세협약과 브라질 현지 조세규정으로 이자소득세 면제

– 지급능력 : 브라질의 풍부한 외환보유고

과거 한국 경제가 저금리 환경으로 접어들면서 많은 투자자가 해외 채권 투자에 관심을 기울이게 되었다. 현재 증권사를 통해 중개된 다양한 해외 채권들 중에서는 이자소득 비과세를 받을 수 있는 브라질 국채의 잔고가 가장 많은 상황이다. 국내에서 개인들의 해외채권 투자는 특이하게도 안정적인 선진국들보다는 브라질 국채의 수요가 월등히 많았다.

하지만 비과세와 고금리에 집중해 유행처럼 많은 매수세가 몰린 이후 브라질 헤알화(BRL : Brazil Real)가 크게 급락하면서 많은 투자자들에게 손실을 안기기도 했다. 반대로 헤알화 상승과 금리 하락으로 큰 수익을 번 투자자가 나오기도 하였다. 이번 장에서는 브라질 국채와 관련하여 투자자들이 자주 간과하지만 반드시 알고 있어야 할 부분을 세 가지만 짚어보도록 하자.

(1) 이자율 10%의 의미

브라질 국채는 매년 10%의 이자를 고정으로 지급한다고 알려져 있다. 그렇다면 판매증권사에서 중개수수료 등을 징수한 이후 액면 10,000 헤알화가 브라질 국채에 투자되었을 때, 투자자는 매년 1,000 헤알화의 이자를 받게 되는 것일까? 답은 '아니요'이다.

사실 10%의 이자라는 것은 1년에 두 번 이자를 지급하는 '표면이자율'이 10%로 고정이라는 말이다. 이는 투자자금에서 10%의 이자가 나온다는 말과는 엄밀하게 보면 다르다. 브라질의 경우 이자 계산법이 한국과 다소 다르기 때문에 이자를 받게 되면 투자자들이 의아해 하는 경우가 많다. 정확한 수익률을 계산해보기 위해서는 브라질의 이자 계산법부터 확인할 필요가 있다.

한국의 이자계산 방법

액면금액 × (연간이자율 / 연간이자지급횟수) = 이자지급액

예) 1,000 × (10% / 2) = 50

브라질의 이자계산 방법

액면금액 × [{(1+연간이자율)^(1/연간이자지급횟수)}−1] = 이자지급액

예) 1,000 × [{(1+10%)^0.5}−1] = 48.809

실제 브라질 국채와 같은 조건인 액면 1,000 헤알, 표면이자율 10%, 연간 이자지급 횟수를 2회로 가정할 경우, 이자지급액은 한국의 이자계산 방법이라면 50 헤알이 되어야겠지만 브라질의 이자계산 방법으로는 48.809 헤알이 된다. 만약 환율 변화가 없다는 가정 시, 액면 1,000 헤알 채권을 800 헤알(clean price)에 샀으면 연간 지급받는 이자는 48.809 헤알이지만 연 12.2%(48.809 ÷ 800 × 2 = 약12.2%)의 이자수익이 발생한다(투자금액이 1,000 헤알이 아니라 800 헤알이므로). 그리고 추가적으로 만기 때 원금 액면 1,000 헤알을 상환 받으므로 200 헤알(약 25%)의 채권상환 이익이 투자한 기간 동안 추가로 발생하게 된다.

위의 케이스로 손익을 계산해 보면 잔여만기가 10년이 남은 브라질 국채에 투자할 시에 연 14.7% (=12.2% + (25%/10))의 수익률을 기대할 수 있다. 즉, 표면이자율은 10%가 맞지만 채권을 얼마에 사느냐에 따라서 예상수익률은 크게 달라질 수 있다.

브라질 국채 매수 시, 만기까지의 현금흐름 및 수익률 계산표

매수단가	매수수량	실제 투자금액	지급이자 총액	만기상환 손익	연환산 수익률
800	125	100,000	122,022	25,000	14.70%
1,000	100	100,000	97,618	–	9.76%
1,200	83	99,600	81,023	−25,000	5.62%

1) 브라질 헤알화 기준 수익률 (환율변동 미고려)
2) 투자금액: 100,000 헤알화
3) 잔여만기 10년

(2) 비과세의 의미

브라질 국채에 투자할 경우 발생할 수 있는 소득은 아래의 세 가지가 있다.

① 이자소득

② 자본차익

③ 환차익

해외채권 투자 시 개인투자자들에게는 자본차익과 환차익이 비과세 대상 소득이 된다. 이자소득은 외화표시로 발행된 해외채권이라고 하더라도 과세소득에 해당한다. 하지만, 브라질 국채에 투자하여 발생하는 이자소득은 다음 두 가지 조항에 근거하여 비과세 소득이 된다.

Check Point

① **브라질 현지 세법** : 외국인 투자자가 브라질 국채에 투자하여 발생하는 이자 및 자본소득에 대해서는 비과세 한다.

② **한국–브라질 조세협약** : (제 11조 3항) 나. 정치적 하부조직 또는 지방당국을 포함한 일방체약국의 정부, 동 일방체약국의 중앙은행 또는 동 정부, 중앙은행 또는 양자가 직접 또는 간접으로 소유하는 기관(금융기관 포함)에 의해 발생되는 증권, 채권 또는 사채로부터 생기는 이자에 대하여는 동 일방체약국[1]에서만 과세한다.

1) 일방체약국 : 국가간 상호조약에서 특정국가.
예) 한국, 브라질 중 일방인 브라질에만 조세권을 준다.

따라서 브라질 국채 투자로 발생하는 모든 수익과 관련하여 현재는 모두 비과세이지만 브라질의 과세 당국과 양국 간의 조세협약의 변화에 따라 변동될 수도 있다. 다만 한국의 경우 세제 변경 시 과거의 투자분을 소급하여 적용하는 경우는 많지 않았고, 변경이 있을 경우 충분한 시간을 두고 시장에 미리 예고하여 투자자들이 대비할 수 있도록 해왔다는 점과 브라질이 외국인이 보유한 국채 이자에 대해 소득세를 과세할 경우 많은 외국인 투자자금이 유출될 것이라는 우려를 고려하면 당분간은 지금과 같은 조건으로 비과세가 유지될 것으로 기대해볼 수 있다.

참고로 법인투자자의 경우 브라질 국채로부터 발생하는 이자소득만 비과세 대상 소득이 되며 자본이득과 환차익의 경우 과세대상에 속하게 된다는 점은 알고 있어야 한다.

(3) 해외국채 투자 시, 고려해야 하는 위험

브라질 국채를 비롯한 외화표시 국채에 투자할 경우, 크게 무엇보다 두 가지 위험을 반드시 체크해야 한다.

첫 번째는 환율 위험이다. 앞서 여러 번 언급했지만 해외채권을 비롯한 해외투자는 환율변동에 따라 수익이 크게 좌지우지 된다. 따라서 환해지를 하지 않을 것이라면 단기적으로 환율을 예측하여 수익을 내려고 하기보다 투자하려는 국가의 펀더멘탈을 살피면서 장기적인 시각으로 분할 투자하는 것이 필요하다는 생각이다.

두 번째는 디폴트리스크(=부도위험)이다. 특히 이머징 국가에 투자하는 경우 부도위험과 관련하여 해당 국가의 외환보유고와 단기 외화부채 수준 및 경상수지 추이를 확인해야 한다. 글로벌 금융위기와 같은 자금경색 상황에 처하게 되면 만기가 도래하는 외화부채 차환이 어렵게 된다.

초기에는 외환보유고로 갚을 수 있으나 이마저도 고갈되면 부도위험이 급격히 증가하게 된다. 그렇기 때문에 외환보유고 증감에 주요하게 작용하는 경상수지까지 확인하여 투자하려는 국가의 외환건전성에 대해서 확인을 해볼 필요가 있다.

또한 재정적자가 지속적으로 발생하고 있는 국가라면 이 또한 면밀하게 체크해 봐야 한다. 지속적으로 대규모 재정적자가 발생한다면 국내금리 및 물가 상승 등 부작용을 낳게 된다.

이에 정부가 국외에서 자금 조달을 하려고 할 것이며 이는 단기간에 외화부채를 급증시키는 문제를 초래하게 된다. 이외에도 정치적 안정성이나 경제적 잠재력 등도 함께 고려해야 한다. 다만 이런 요소들은 장기간에 걸쳐서 일어나는 변화이므로 투자기간 동안에 지속적으로 해당 국가의 정치 및 경제적 변화에 관심을 기울여야 한다.

위의 두 가지 위험 외에도 외화표시 국채 투자에는 제도적 위험과 유동성 문제 등 다양한 위험이 존재하고 있다. 따라서 직접적인 위험 관리가 어려운 투자자의 경우 다양한 외화채권에 분산 투자하는 해외채권형펀드에 적립식으로 또는 일정 비중만 투자하는 방법이 더욱 효과적일 수 있으니 참고하도록 하자.

브라질 국채 금리 및 환율 추이

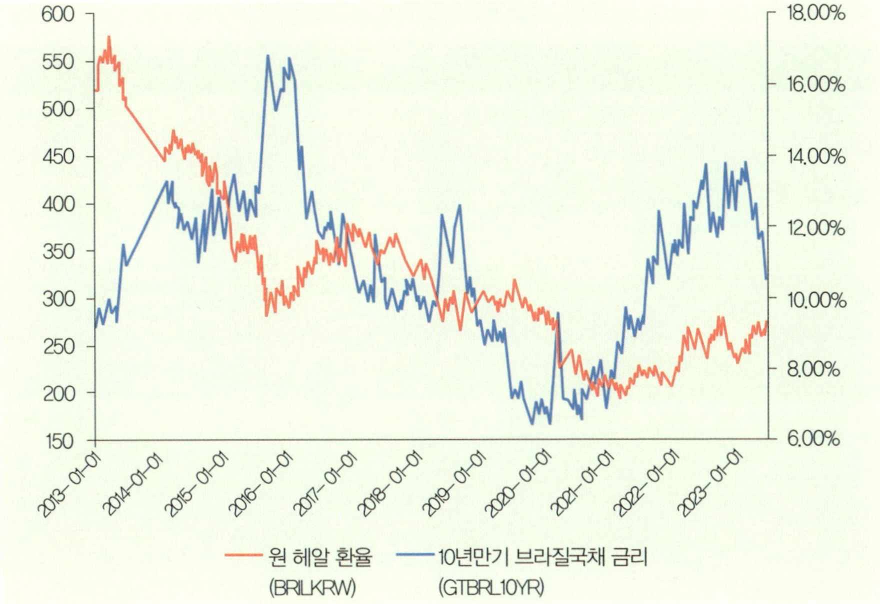

〈출처 : Bloomberg〉

브라질 외환보유고 추이

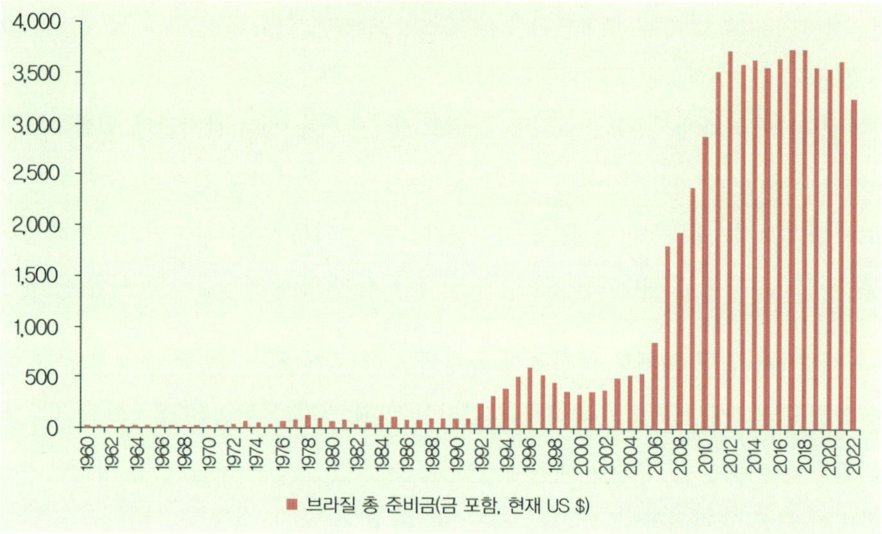

〈출처 : The World Bank〉

주요국의 외환보유액(2023.5월말 현재)

(억 달러)

순위	국가	외환보유액	순위	국가	외환보유액
1	러시아	31,765(−283)	6	대만	5,629(+18)
2	스위스	12,545(−109)	7	사우디아라비아	4,422(+124)
3	인도	8,860(−148)	8	홍콩	4,210(−64)
4	일본	5,907(+6)	9	한국	4,210(−22)
5	중국	5,842(−116)	10	브라질	3,435(−57)

주: 1) (　　)안은 전월말 대비 증감액
자료: IMF, 각국 중앙은행 홈페이지

〈출처 : 한국은행〉

2. KP(Korean Paper) : K-POP 열풍? 이제는 KP다!

(1) KP(Korean Paper)란?

한국 정부·금융기관·기업·국외점포(지점 및 현지법인) 등이 해외 금융시장에서 발행하는 외화표시 증권으로, 해외 시장에서 거래되는 한국 관련 증권을 통틀어 이르기도 하여 일명 '한국물'이라고도 한다. 다시 말해 한국 기업들이 자금을 조달하기 위해 해외에서 발행하는 해외주식 전환사채(CB), 외국의 예탁기관이 해외 현지에서 증권을 발행 유통시킬 수 있는 주식예탁증서(DR), 기업어음(CP), 정부가 발행하는 외국환평형기금채권을 포함하며 넓게는 전문적으로 한국 증권시장에 투자하는 해외의 각종 펀드들도 포함된다.

보통 발행자의 신용도에 따라 해당 KP의 표시통화국가 국채의 금리에 프리미엄이나 가산금리가 붙는데, 1987년 외국인들에게 한국의 증권시장이 개방되었을 때는 없어서 팔지 못할 정도로 인기가 있었다. 그러나 1997년 국제통화기금(IMF) 외환위기를 겪으면서 고위험 채권인 정크본드로 분류되어 낮은 평가를 받다가, 2000년 이후 조금씩 회복되기 시작하였다. 2002년에는 첫 해외채권 집계 시 KP의 24%를 내국인이 구입하였는데 2016년 1분기만 보더라도 국내투자자들의 KP물 투자 규모는 350억 달러로 2002년 당시 1년 총발행량 규모에 육박한다. 이처럼 내국인 투자가 늘어난 것은 국내 금융기관들의 외화자금 수요는 줄어든 반면, 금리 인하에 따른 운용 수익률 저하에 대응하기 위해 한국계 외화증권에 대한 투자가 확대되었기 때문이다.

(2) KP상품 예시

KP는 해외채권을 처음 투자하는 투자자에게 적합할 수 있다. 아무래도 국내기업이 발행한 해외채권이기 때문에 해외기업보다 국내기업의 동향을 파악하기 수월하고 친숙하게 느껴질 수 있기 때문이다. 예를 들어 중국투자자들이 중국기업이 발행한 외화채권을 다른 해외채권보다 더 친숙하게 느끼는 것과 같다.

사실 KP는 국내기업이 국내투자자를 중심으로 원화로 자금을 조달하는 것이 아니라 해외투자자를 중심으로 외화로 자금을 조달하는 것이기 때문에 현재는 신용등급이 높은 공기업이나 은행 등에서 발행이 많이 되고 있다.

향후 국내 제조업체에서도 KP발행이 늘어나게 되면 투자자들의 선택의 폭은 더욱 넓어질 수 있다. 그러면 우리는 어떤 KP물에 투자할 수 있을까? 개인투자자들의 가장 큰 고려사항이 고금리 여부이다. 따라서 첫 번째 유형은 고금리를 주는 KP물이다. 외화를 보유한 투자자거나 정기적인 외화 현금흐름이 필요한 투자자, 국내 금리로는 만족을 하지 못하는 투자자, 선진국 통화의 환율 변동을 감내할 수 있는 투자자들이 투자를 고려해 볼만 하다.

최근에 발행하는 외화표시 신종자본증권이나 후순위채가 매력적일 것이다. 더군다나 동일한 국내기업이 국내에서 원화로 채권을 발행할 때보다 해외에서 외화로 발행할 때 금리를 더 주는 경향이 있다.

이는 한국 장기국채금리가 미국 국채금리와 큰 차이가 발생하지 않은 상황에서 외화표시채권은 원화채권보다 더 메리트를 주지 않는다면 미국 등의 해외 투자자들에게 메리트가 없기 때문에 높은 가산금리를 적용하기 때문이다. 또는 국내에서 더 이상 조달이 어렵기 때문에 한국보다 더 큰 시장인 해외에서 자금을 조달해야 하다 보니 투자자에게 유리한 조건으로 발행하는 것이다. 따라서 동일한 발행자라면 외화표시채권이 보다 고금리를 제공하는 경우가 많다.

고금리 신종자본증권 Korean Paper 예시

발행사 (ticker)	국민은행 (CITNAT 4.35 Perp)	우리은행 (WOORIB 4.25 Perp)	하나은행 (KEBHNB 3.5 Perp)
만기일(콜)	영구채('24.07.02)	영구채('24.10.04)	영구채('26.10.19)
매수금리	5.75%	6.40%	6.24%
쿠폰	4.35%	4.25%	3.50%
국제신용등급	BBB−	BBB−	BBB−
통화	USD	USD	USD
비고	신종자본증권	신종자본증권	신종자본증권

〈출처 : 신한투자증권〉

두 번째 투자할 만한 KP물의 유형은 국내 우량기업의 선순위채권이다. 이런 채권은 고금리 신종자본증권에 내재되어 있는 위험요소(조기상환 위험, 이자 미지급 위험, 원금상각 위험 등)에 노출되기 싫은 보수적인 투자자에게 적합하다.

이러한 선순위 회사채 KP물은 해외채권 투자 시 고려해야 하는 기본적인 리스크(환율, 디폴트리스크 등) 외에 별도의 위험을 고려하지 않아도 된다는 장점이 있다.

선순위 회사채 Korean Paper **예시**

발행사 (ticker)	네이버 (NHNCOR 1.5 03/29/26)	한국수출입은행 (EIBKOR 1.625 01/18/27)	우리은행 (WOORIB 2 01/20/27)
만기일	2026-03-29	2027-01-18	2027-01-20
매수금리	5.25%	4.76%	4.80%
쿠폰	1.50%	1.625%	2.00%
국제신용등급	A-	AA	A+
통화	USD	USD	USD

〈출처 : 신한투자증권〉

심화편

세 번째 유형은 비과세 KP물이다. 국내에서 이제 더 이상 비과세 채권을 찾기가 어려워진 상황에서 좋은 대안이 될 수 있다. 금융소득종합과세 대상자이면서 최고세율을 적용받는 투자자라면 투자해 볼만한 채권이다.

아래의 예시 중 한국전력 100년 채권의 경우는 20년간 이자가 없지만 80년간 7.95%의 쿠폰을 받는 채권이다. 또한 1999년 이전에 발행된 KP물로 조세특례제한법에 의해 이자소득세가 면제되고, 개인의 경우 감면세액(14%)의 10%인 1.4%의 농어촌특별세만 내면 된다.

비과세 Korean Paper **예시**

발행사 (ticker)	한국전력 (KORELE 7 02/01/27)	한국전력 (KORELE 7.95 04/01/96)
만기일	2027.02.01	2096.04.01
쿠폰	7.00%	7.95%
신용등급	AA-	AA-
통화	USD	USD
비고	30년만기 채권으로 발행	100년만기 채권으로 발행

〈출처 : 신한투자증권〉

3. 미국 국채

(1) 미국 국채는 왜 사는걸까? (미국 국채의 특징)

미국 국채의 첫 번째 특징은 안정성이라고 할 수 있다. 미국은 지구 상에 존재하는 그 어떤 발행자보다도 우량하고 안전하다고 할 수 있다. 채권은 만기까지 발행자가 디폴트가 나지 않으면 원리금을 상환 받을 수 있다. 즉, 발행자가 가장 우량하고 안전하다면 그 채권의 원리금 상환 가능성은 가장 높다고 할 수 있는 것이다. 미국 국채는 미국이라는 발행국가가 전세계에서 가장 우량하고 안정성이 높기 때문에 아주 높은 안정성을 보유한 자산이라고 할 수 있는 것이다.

두 번째 특징은 채권투자와 동시에 전세계 가장 큰 기축통화인 미달러화(USD)에 동시에 투자할 수 있다는 점이다. 미국 국채는 미달러화(USD)로 발행된다. 만약 달러의 가치가 상승하게 된다면 미국 국채 투자로 채권에서 발생하는 이자뿐만 아니라 환차익까지 동시에 얻을 수 있다.

세 번째 특징은 미국 국채에 투자하게 되면 포트폴리오 분산투자효과가 발생할 수 있다. 금융위기 등 세계 경제가 불안정할수록 리스크가 낮은 자산에 자금이 쏠리는 '안전자산선호현상(flight-to-quality)'이 발생하게 된다. 즉, 경제위기 등으로 세계 경제의 변동성이 커져 위험자산에서는 손실이 발생할 수 있지만, 미국 국채를 포트폴리오에 보유하고 있다면 안전자산인 미국 국채나 미달러화에 자금이 몰려 가치가 상승해 위험자산에서 발생하는 손실을 상쇄할 수도 있다는 것이다.

네 번째 특징은 전세계 모든 채권 중 유동성이 가장 풍부하다는 점이다. 채권은 만기까지 보유할 경우 약속된 이자와 원금을 지급받을 수 있다. 그런데 만약 보유 채권의 금리가 하락(가격이 상승)한다면 주식처럼 시장에 매각하여 매매차익을 추가로 얻을 수 있는 유가증권이기도 하다. 다만, 채권은 일반적으로 주식보다 유동성이 떨어지기 때문에 원하는 시점에 원하는(적정한) 가격으로 매도를 할 수 없을 가능성이 존재한다. 하지만 미국 국채는 전세계에서 유동성이 가장 풍부한 채권이기 때문에 24시간 활발히 거래되어 이러한 단점이 없다고 할 수 있다.

주요 미국채 금리 현황 예시

〈출처: 블룸버그, 최근 4개년〉

(2) 미국 국채의 종류

Treasury Bill(T−Bill)

단기 채무증권으로 만기가 1년 이하로 발행이 된다. 또한 이표가 존재하지 않고 할인가격에 발행되어 만기에 원금을 받게 되는 형태이다.

Treasury Note(T−Note)

가장 일반적인 형태의 미국 재무성 채권으로, 발행 당시 만기가 1년에서 10년에 해당하는 국채이다. 1년에 두 번(반기에 1번) 이자지급을 하며 만기에 원금을 받는 구조이다. 호가는 가격으로 되고 호가 단위는 특이하게 32진법을 사용한다.

Treasury Bond(T−Bond)

발행 당시 10년 이상의 국채를 의미한다. Treasury Note와 마찬가지로 1년에 두 번 이자지급을 하고 만기에 원금을 받는 구조이다. 마찬가지로 호가는 가격으로 하며 호가단위는 32진법을 사용한다.

TIPS(Treasury Inflation-Protected Securities, 물가연동국채)

미국의 물가채로 미 노동통계청에 의해 측정된 도시 지역 소비자물가지수 (CPI-U, Consumer Price Index for All Urban Consumers)에 따라 원금이 증가 혹은 감소한다. 조정된 원금 금액에 고정금리를 반기에 한 번 지급한다. 호가는 가격으로 호가 단위는 32진법을 사용한다.

TIPS는 물가인상분을 원금의 증가 혹은 감소분으로 반영하기 때문에 TIPS 금리를 실질 금리라고도 부르며, 이는 일반적인 Bill, Note, Bond의 명목 금리와 비교되는 부분이다.

같은 만기의 TIPS와 Note 금리의 차이를 BEI(Break Even Inflation)라고 부르며 인플레이션에 대한 기대가 클수록 BEI가 증가, 상대적으로 TIPS의 금리가 Note의 금리보다 하락하게 된다.

4. 채권 직접 투자와 간접 투자

이 책에서는 지금까지 증권사를 통해서 장내채권이나 장외채권을 매수하는 직접 투자를 설명하였다. 하지만 채권을 간접적으로 투자하는 방법도 많다. 대표적으로 수익증권인 펀드, ETF, ETN를 생각할 수 있다. 이외에도 신탁이나 랩 계좌로도 계약형태의 채권에 투자하는 방법도 있다.

펀드, ETF, ETN는 내가 직접 채권 종목을 선별하여 투자하는 형식이 아니라, 운용전략이 정해져 있는 채권형 상품에 돈을 투자하면 운용사, 증권사에서 운용하는 방식이다. 투자자가 채권을 직접 선정해서 매수하는 것과 여러가지 차이점이 있고, 직접 투자와 간접 투자는 각기 장단점들이 있다. 채권형펀드부터 차이점을 알아 보자.

1. 채권형 펀드

펀드는 투자자들의 투자금을 모아 자산운용사에서 금융상품에 투자하는 대표적인 금융상품이다. 투자자산에 따라 주식, 채권, 부동산 등 많은 유형으로 구분되며 채권형 펀드에도 투자하는 채권의 종류에 따라 다양한 펀드들이 있다. 채권형 펀드의 잔고는 주식형 펀드의 잔고보다는 적지만, 순수 채권형 펀드만하더라도 41조가 넘는 금액이다.

펀드 유형별 잔고 현황(2023.06.30기준)

펀드 유형	증권					합계
	주식	혼합주식	혼합채권	채권	재간접	
금액(억 원)	879,508	34,522	114,036	410,789	226,316	3,237,588
펀드 유형	단기금융	파생형	부동산	특별자산	혼합자산	
금액(억 원)	1,071,008	381,059	30,062	30,228	60,061	

〈출처 : 금융투자협회 종합통계 포탈〉

주식형 펀드와 마찬가지로 채권형 펀드의 장점도 펀드의 특성인 분산투자이다. 채권매니저들이 채권을 만기보유 뿐만 아니라 각자의 전략에 따라 채권을 매매하여 수익률을 높이는 노력을 한다.

좋은 채권형 펀드를 선별하여 투자한다면 개인이 채권을 선별해서 직접 투자해야 하는 번거로움을 피할 수 있다. 하지만 채권 직접 투자와 비교해서 단점도 존재한다. 간접투자이기에 펀드 수수료를 지불해야 하며, 채권의 중도매도 시 자본차익이 비과세이지만 펀드의 경우 세금을 내야 한다.

2. 채권형 ETF

ETF는 Exchange Traded Fund로 상장지수펀드로 불리고, ETN은 Exchange Traded Note로 상장지수증권이라고 부른다. ETF는 분류가 펀드이기에 자산운용사에서 운용을 한다. 우리나라 거래소에도 여러 운용사들이 ETF 브랜드를 만들어서 운용 중인데 대표적인 브랜드가 삼성자산운용의 'KODEX', 미래에셋자산운용의 'TIGER'를 들 수 있다.

2023년 6월말 현재 우리나라에 상장되어 있는 ETF 순자산가치총액은 약 100.7조 원이며 733개 종목이 상장되어 있다. 이중 채권형 ETF는 국내와 해외 합해서 약 22조 원 수준이다. 아래 그래프를 보면 확인할 수 있듯이 ETF순자산가치 총액과 상장종목수는 해마다 증가하고 있다.

ETF 순자산가치총액 및 상장 종목수 추이

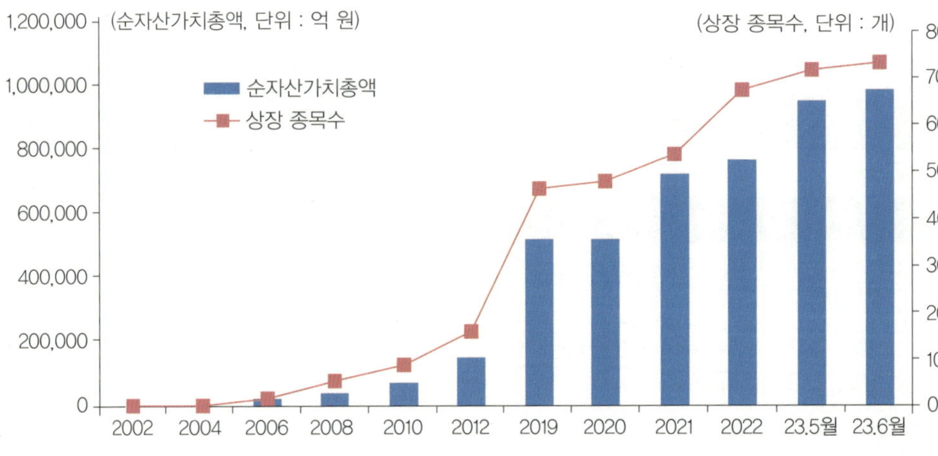

〈출처 : 한국거래소〉

2023년 6월말 현재 우리나라에 상장되어 있는 ETN 자산총액은 약 12조 원이며 374개 종목이 상장되어 있다. 이중 채권형 ETF는 국내와 해외 합해서 약 6,706억 원 수준이다. ETN의 경우 ETF에 비해 비활성화되어 있다는 것을 알 수 있다. 이는 ETN은 ETF와 차별화하기 위해 상품을 설계하는 증권사가 레버리지/인버스 등의 전략으로 주로 발행하기 때문이다.

국내 주요 채권형 ETF

한글 종목 약명	상장일	분류	자산	상장좌수	운용사	총보수
KODEX 23-12 은행채(AA+이상)액티브	2022/11/22	국내	채권	179,990,000	삼성자산운용	0.050
TIGER 미국달러단기채권액티브	2019/07/24	해외	채권	36,770,000	미래에셋자산운용	0.300
KODEX 미국채울트라30년선물(H)	2018/09/12	해외	채권	31,700,000	삼성자산운용	0.300
KODEX 종합채권(AA-이상)액티브	2017/06/29	국내	채권	28,566,000	삼성자산운용	0.045
KODEX 23-12 국고채액티브	2022/11/22	국내	채권	24,410,000	삼성자산운용	0.050
ACE 미국30년국채액티브(H)	2023/03/14	해외	채권	19,000,000	한국투자신탁운용	0.050
KBSTAR 머니마켓액티브	2023/05/09	국내	채권	13,986,000	케이비자산운용	0.050
KBSTAR 종합채권(A-이상)액티브	2021/05/26	국내	채권	12,393,000	케이비자산운용	0.012
KODEX 단기채권PLUS	2015/03/03	국내	채권	12,111,000	삼성자산운용	0.150
KBSTAR 23-11 회사채(AA-이상)액티브	2022/11/22	국내	채권	11,848,000	케이비자산운용	0.050
TIGER 24-10 회사채(A+이상)액티브	2022/11/22	국내	채권	11,504,000	미래에셋자산운용	0.100
TIGER 미국채10년선물	2018/08/30	해외	채권	10,700,000	미래에셋자산운용	0.290
TIGER 단기채권액티브	2017/06/29	국내	채권	9,704,000	미래에셋자산운용	0.070
TIGER 단기통안채	2012/05/16	국내	채권	9,429,000	미래에셋자산운용	0.090
KODEX 단기채권	2012/02/22	국내	채권	8,388,000	삼성자산운용	0.150
ACE 종합채권(AA-이상)KIS액티브	2020/07/21	국내	채권	7,503,000	한국투자신탁운용	0.020
TIGER 25-10 회사채(A+이상)액티브	2023/03/23	국내	채권	6,920,000	미래에셋자산운용	0.100
KBSTAR 미국단기투자등급회사채액티브	2022/07/29	해외	채권	6,250,000	케이비자산운용	0.100
TIGER 중장기국채	2018/07/20	국내	채권	5,880,000	미래에셋자산운용	0.150
KODEX 국고채3년	2009/07/29	국내	채권	5,120,000	삼성자산운용	0.150
KBSTAR KIS국고채30년Enhanced	2021/05/26	국내	채권	5,070,000	케이비자산운용	0.050
ACE 25-06 회사채(AA-이상)액티브	2023/06/20	국내	채권	5,010,000	한국투자신탁운용	0.050

〈출처 : 한국거래소 정보데이터 시스템〉

국내 ETF 시장이 성장하는 가운데 주식 위주의 기초자산에서 국내채권, 해외채권, 채권선물 등 다양한 기초자산으로 하는 ETF들이 발행되고 있다. 통안채, 국고채, 물가채, 초장기국고채, 단기채권, 크레딧 등 다양한 채권들을 기초자산으로 하는 종목들이 상장되어 선택의 폭이 넓어졌다. 채권형 ETF는 채권형 펀드와 유사하다고 볼 수 있는데 가장 큰 차이점은 주식시장에서 상장되어서 거래가 가능한 것이다. 다만 유동성 면에서는 일부 채권형 ETF만 활발히 거래되기에 내가 고른 종목의 ETF 유동성을 투자전에 반드시 체크해 보자.

최근에는 만기매칭형 ETF가 출시되어 직접 채권 투자하는 것과 유사한 전략을 세울 수 있게 되었다. 일반적으로 ETF가 영속성을 가지는 것과 다르게 만기 매칭형 ETF는 특정 년도, 월에 만기가 도래하는 채권을 편입, 운용하여 해당 만기가 되면 청산하는 ETF다. 투자자가 만기까지 해당 ETF를 보유할 경우 직접 투자처럼 시장금리 변동에 관계 없이 산 가격에 해당하는 기대금리를 만기에 수취할 수 있다.

3. 채권형 ETN

ETN은 Exchange Traded Note의 줄임말로 상장지수증권이라고 부른다. ETF처럼 거래소에 상장되어 거래되기에 '증권사의 ETF'라고 할 수 있다. 삼성증권이 발행한 ETN은 '삼성', 신한투자증권이 발행하는 ETN은 '신한'이 맨앞에 표시된다.

ETN은 ETF와 유사하지만 펀드가 아닌 증권사가 발행하는 파생결합증권이다. 따라서 ETN에 앞에 붙어 있는 증권사들의 자기 신용으로 발행한 증권으로서 만기와 신용위험을 지닌다. 또한 만기가 없는 ETF와 다르게 파생결합증권으로 만기가 설정되어 있다.

23년 6월말 기준 우리나라에 상장되어 있는 ETN 자산총액은 약 11.9조 원이며 370개 종목이 상장되어 있다. 이중 채권형 ETF는 국내와 해외 합해서 약 1,334억 원 수준이다. 채권형 ETN의 경우 ETF에 비해 비활성화 되어 있다는 것을 알 수 있다. 이는 ETF는 주로 증권사들이 직접 상품을 설계하기 때문에 수익성이 높은 레버리지/인버스 등을 주로 발행하기 때문이다.

ETN 순자산가치총액 및 상장 종목수 추이

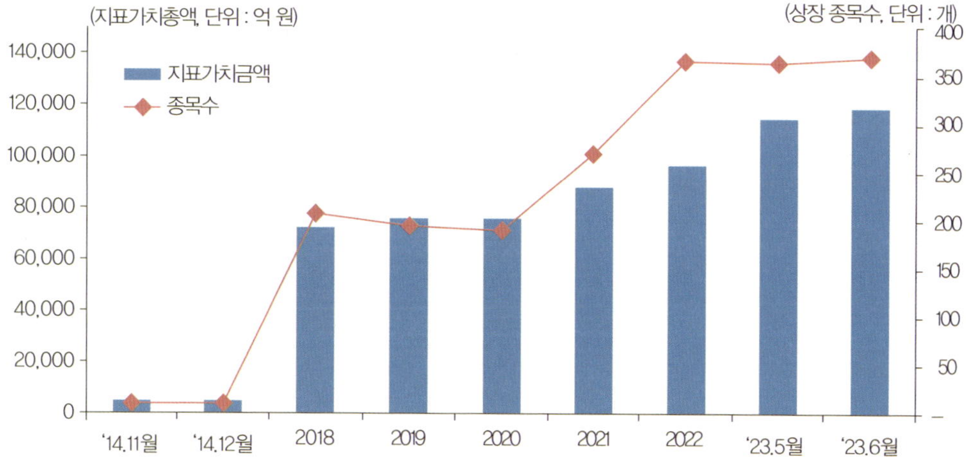

〈출처 : 한국거래소〉

ETN은 몇몇 종목을 제외하고는 대체적으로 ETF보다 유동성이 많이 떨어진다. ETN을 운용하는 증권사 입장에서도 ETF와 크게 차별성을 두기가 어렵기 때문이다. 거래량이 많은 ETN는 WTI 등 에너지 선물이나, VIX 관련 등 ETF와 다른 파생상품을 활용한 종목들이다. ETN을 이용한 채권투자는 일반적인 채권투자 방식과 다르게 레버리지나 인버스를 사용하는 방식으로 활용하는 것이 효과적일 것이다.

국내 주요 채권형 ETN

한글종목약명	상장일	추적배수	상장증권수	발행사	총보수
메리츠 레버리지 미국채30년 ETN(H)	2022/06/13	2X 레버리지	5,000,000	메리츠증권	0.400
메리츠 레버리지 국채30년 ETN	2021/09/09	2X 레버리지	4,000,000	메리츠증권	0.400
메리츠 미국채10년 ETN(H)	2021/11/08	일반	3,000,000	메리츠증권	0.300
메리츠 국채10년 ETN	2021/11/08	일반	2,000,000	메리츠증권	0.250
메리츠 레버리지 인플레이션 국채 ETN	2021/06/17	2X 레버리지	2,000,000	메리츠증권	0.600
메리츠 미국레버리지 인플레이션국채ETN(H)	2021/06/17	2X 레버리지	2,000,000	메리츠증권	0.750
메리츠 미국 인플레이션 국채 ETN(H)	2021/06/17	일반	2,000,000	메리츠증권	0.550
메리츠 인버스 국채3년 ETN	2022/10/31	1X 인버스	2,000,000	메리츠증권	0.100
메리츠 인플레이션 국채 ETN	2021/06/17	일반	2,000,000	메리츠증권	0.400
미래에셋 2X 미국채울트라30년 선물 ETN	2023/07/05	2X 레버리지	2,000,000	미래에셋증권	0.000

한글종목약명	상장일	추적배수	상장증권수	발행사	총보수
미래에셋 -2X 미국채울트라30년 선물 ETN	2023/07/05	2X 인버스	2,000,000	미래에셋증권	0.000
대신 국채10년 ETN	2023/04/26	일반	1,000,000	대신증권	0.000
대신 인버스 국채10년 ETN	2023/04/26	1X 인버스	1,000,000	대신증권	0.250
메리츠 3X 레버리지 국채30년 ETN	2022/12/21	3X 레버리지	1,000,000	메리츠증권	0.550
메리츠 KAP 통안채 3개월 ETN	2023/05/17	일반	1,000,000	메리츠증권	0.030
메리츠 국채30년 ETN	2021/09/09	일반	1,000,000	메리츠증권	0.250
메리츠 국채3년 ETN	2022/10/31	일반	1,000,000	메리츠증권	0.100
메리츠 국채5년 ETN	2022/10/31	일반	1,000,000	메리츠증권	0.100
메리츠 레버리지 국채10년 ETN	2021/11/08	2X 레버리지	1,000,000	메리츠증권	0.350
메리츠 레버리지 국채3년 ETN	2022/10/31	2X 레버리지	1,000,000	메리츠증권	0.200

〈출처 : 한국거래소 정보데이터 시스템〉

4. 채권 투자 방식 비교

지금까지 채권에 투자하는 간접적인 방법인 펀드, ETF, ETN에 대해서 간략히 알아보았다. 앞서 설명한대로 간접투자에도 각기 장단점들이 있다. ETF와 ETN의 경우 상장은 되어있지만 유동성이 높지 않은 종목이면 중도매도가 원활하지 않을 수 있다. 또한 과세의 기준도 다른 것을 꼭 확인해야 한다.

필자의 개인적인 의견은 채권의 간접투자는 퇴직연금 계좌나 ISA 계좌 등 채권 직접투자가 제한적인 상황(제도상으로는 채권 직접 투자가 가능하지만 금융기관마다 채권 직접투자가 안되는 곳이 있음)에서 자산배분으로 채권을 일부 살 때 ETF를 활용하는 것이 좋다고 생각한다.

채권 직접투자 vs 간접투자

구 분	직접투자	간접투자		
		채권형 펀드	ETF	ETN
투자가능기관	증권사	펀드판매기관	증권사	증권사
수수료	매수가격에 포함	펀드보수	운용수수료	운용수수료
투자 방식	위탁계좌에 직접 매수	수익증권으로 투자	주식처럼 거래소에서 매수	주식처럼 거래소에서 매수
최소투자금액	천원	펀드 종류에 따라 다름 (공모는 제한없음, 사모는 제한)	1주 단위 (ETF별로 가격 상이)	1주 단위(ETN별로 가격 상이)
투자종목선정	직접	간접	간접	간접
투자 만기	채권의 만기	공모-만기 없음 사모-정해진 만기	만기 없음(만기 있는 ETF도 있음)	만기 있음
유동성	낮음	공모-높음 사모-낮음	높음(ETF 종목마다 거래량이 차이남)	높음(ETN 종목마다 거래량이 차이남)
수익률	종목에 따라 다름	종목에 따라 다름	종목에 따라 다름	종목에 따라 다름
투자종목정보	내가 직접 투자하기에 투자종목을 알 수 있음	전체 종목을 알 수 없음. (사후적으로 대표종목만 공개)	공시하는 종목을 시차를 두고 알 수 있음	공시하는 종목을 시차를 두고 알 수 있음
세금	이자소득 과세 자본차익 비과세	자본차익, 이사소득 모두 과세	자본차익, 배당수익 모두 과세	자본차익, 배당수익 모두 과세
가격괴리	없음	없음	거래량에 따라 실제 가격과 가격 괴리가 있을 수 있음	거래량에 따라 실제 가격과 가격 괴리가 있을 수 있음

제Ⅳ부 도 전 편

1. 채권시장 구조
2. 채권의 발행 절차

1. 채권시장 구조

우리는 주식을 투자할 때 거래소에 상장된 주식을 상품처럼 호가를 보고 입금된 계좌를 통해서 매수한다. 채권에 투자할 때도 마찬가지로 발행된 채권에 투자하게 되는데 과연 내가 투자하는 채권은 어떤 경로를 통해서 발행되고 내가 투자하게 되는 것일까? 채권의 종류별로 다르지만 개인들이 주로 투자하는 공모회사채의 경우를 살펴 보자.

채권의 발행시장과 유통시장

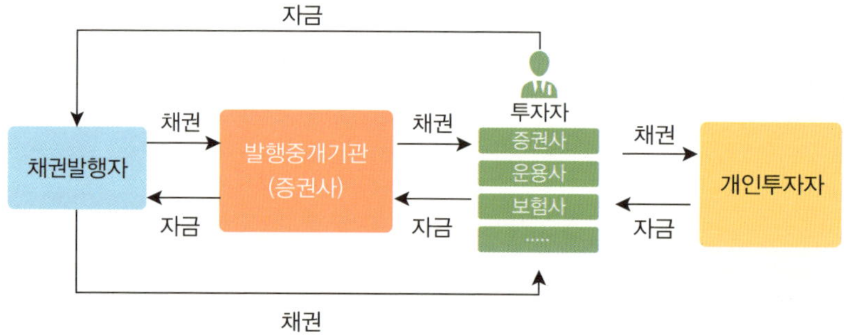

회사채 발행을 희망하는 회사는 일반적으로 발행중개기관인 증권사를 통해서 회사채를 발행한다. (회사가 증권사를 통하지 않고 직접 회사채를 발행할 수 있지만 대부분은 증권사를 통해서 회사채를 발행) 증권사는 법적인 절차에 따라 회사채 발행을 진행하고 '수요예측 제도'를 통해서 투자자들은 입찰 형식으로 채권 발행에 참여하고 이렇게 발행된 채권은 유통시장을 통해서 투자자들에게 거래된다.

개인투자자들이 매수하는 채권은 발행시장을 통해서 발행되고 증권사가 투자자로 수요예측이라는 입찰방식을 통해서 채권을 '도매시장'에서 사와서 개인들 대상 '소매시장'에 판매하는 것이다.

유통시장도 증권사를 통한 개별적인 매매인 장외 채권과 주식처럼 상장되어 거래되는 호가창을 보고 직접 매수하는 장내채권으로 구분된다. 장내 채권은 주식처럼 매수/매도 호가창에 채권의 금리와 수량을 보면서 개인이 직접 사는 시장이다.

유통시장 – 장내 채권 vs 장외 채권

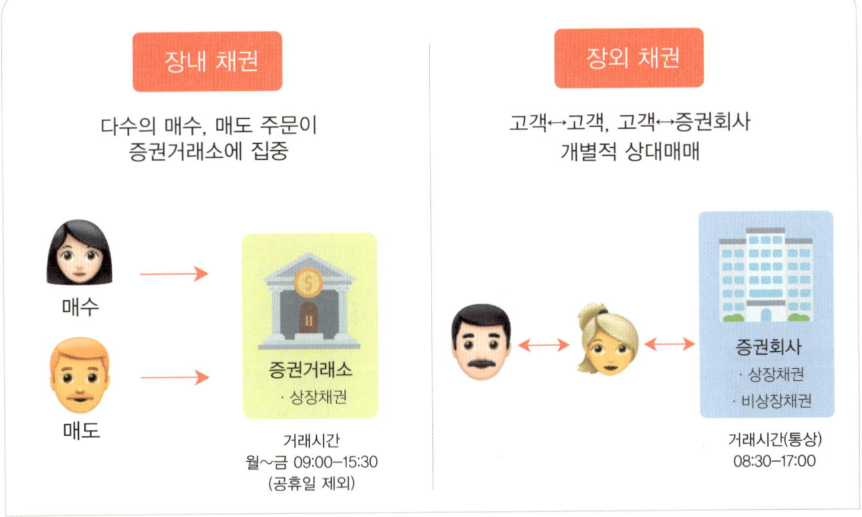

장외 시장은 증권사가 수요예측을 통해서 입찰을 받았거나, 기존에 발행된 채권을 유통시장에서 매수하여 증권사 고유 펀드에 채권을 담고, 이를 개인투자자 대상으로 판매하는 시장을 말한다.

채권은 주식처럼 항상 유동성이 높지는 않아서 내가 사고 싶은 채권이 항상 장내시장에서 거래가 되지는 않는다. 따라서 주로 증권사 장외거래를 통해서 매수하는 경우가 많다. 증권사들도 모든 채권을 항상 보유하고 판매할 수 없기에 증권사별로 판매하고 있는 채권의 리스트가 모두 다르다.

신규 발행물의 경우도 A회사가 총 1,000억 원의 회사채를 발행하였다 하더라도, 증권사가 100억 원 수요예측에 참여하여 100억 원만 보유한다고 하면 개인들에게 판매할 수 있는 회사채의 총 합은 100억 원이다.

같은 A회사 채권이라도 여러 증권사가 각기 다른 가격으로 판매하는 경우도 있다. 장외거래이기에 증권사가 별도의 수수료를 수취하지 않고 판매를 하는데, 각 증권사의 조달금리, 리스크 한도 등에 따라서 판매 금리를 다르게 책정할 수도 있다.

회사채를 매수할 때는 시간이 걸리더라도 장내시장에서 거래되는지 확인하고, 증권사들도 여러 증권사의 판매 가능 채권 리스트를 확인하여 나의 목적과 상황에 맞는 채권을 선별하여 매수해야 한다.

2. 채권의 발행 절차

지금까지 발행된 채권을 투자하는 내용을 계속 다뤘는데, 과연 이러한 채권은 어떻게 발행이 되는 걸까? 개인 채권투자자들이 주로 투자하는 공모회사채를 살펴보자. 공모 회사채 발행 시 발행사 외에도 발행을 도와주는 대표주관회사(증권사)와 신용평가사 등 많은 참여자들의 도움이 필요하다.

발행시장 참여자

구분	내용
발행사	채권을 발행하여 자금을 조달하는 주체로 정부, 공공기관, 일반회사, 금융회사 등 여러 주체가 채권의 발행사가 될 수 있다.
대표주관회사	발행회사와 대표주관계약 체결을 통해 결정되며, 인수단을 대표하여 발행회사와 채권 발행의 타당성, 소화가능여부, 발행시기, 발행조건 등을 결정하며 인수 및 청약업무를 총괄한다.
공동주관회사	대표주관회사와 함께 채권 발행 관련 제반조건 등을 결정하며 인수 및 청약업무를 담당한다.
인수회사	발행되는 채권을 인수하는 기관으로서, 인수한 채권을 기관투자자 또는 일반투자자에게 매도한다.
사채관리회사	사채관리회사는 사채관리업무를 전문적으로 수행하며 채권의 인수에는 참여할 수 없다.
사채원리금 지급대행회사	발행사의 회사채 원금 및 이자 지급업무를 대행해 주는 회사로 주로 은행이 사채원리금지급대행 업무를 한다.
신용평가사	채권을 발행하는 기업에 대한 제반 환경을 감안한 신용도를 평가함으로써 해당기업이 자금조달목적으로 발행하는 채권에 대하여 그 원리금을 약정한 기일에 제대로 상환할 수 있는가를 분석하여 일정한 등급을 부여한다.
투자자	투자자는 채권발행시장에서 모집·매출되는 채권의 청약에 응하여 발행자가 발행하는 채권을 취득하는 자로서, 자금의 공급자이다. 투자자는 전문적인 지식과 대규모의 자금을 운용하고 있어 법인형태를 취하고 있는 기관투자자와 개인자격으로 자산운용을 목적으로 채권에 투자하는 개인투자자가 있다. 우리나라는 기관투자자가 주류를 이루고 있다.

공모 회사채의 발행은 법규에 의한 절차를 거쳐야 하기에 아무리 빨라도 한달 정도의 시간은 필요하다. 시장 상황과 회사의 사정에 따라 시간이 더 소요되기도 한다. 아래는 공모사채 발행 일정의 예시로 발행이 정해졌다고 가정했을때 가장 빠른 회사채 발행 일정이다.

공모사채 발행 일정표(예시)

구분	일정	내용	비고
인수제안서(RFP) 발송 및 입찰	D−18 이전	• 인수제안 공고 * 발행금리 및 수량은 수요예측 후 최종 결정	
대표주관계약 체결	D−18	• 대표주관계약체결 * 증권신고서 제출 10일 전 체결 및 5일 이내 금융투자협회 신고	* 대표주관사 선정 방법은 발행회사 자율
기업 실사		• 기업실사 시행 (3~5일 소요 예상)	* 기업실사 모범규준 (금융감독원)
인수계약 체결	D−8	• 발행사와 대표주관회사가 협의하여 인수단 결정 • 제안서 제출 증권사 중 점수에 따라 주관사 및 인수단 결정	* 증권신고서에 기업실사 이행보고서 첨부
증권신고서 제출			
수요예측	D−7~5	• 공모희망금리 및 발행물량 제시 • 발행조건 확정(금리·수량) • 최종 인수계약 체결	* 수요예측 모범규준 (금융투자협회)
정정신고서 제출	D−4	• 인수단 및 인수수량 확정	
효력발생	D−DAY	• 투자설명서 교부 • 납입금 인출	
청약			
납입			

이렇게 제도만을 설명하면 해당 용어들로 회사채 발행의 구체적인 내용을 알기 어렵기에 개인들이 주요 투자하는 공모 회사채가 어떠한 절차로 발행되는지 가상의 회사채 발행사례를 통해 설명하고자 한다. 가상의 회사채인 '제임스 본드'의 사례를 통해서 채권의 발행 절차를 살펴보자.

발행사의 채권 발행 니즈

최근 철강 가격 하락으로 매출이 부진해지고 부쩍 재무비율이 나빠진 ㈜제임스는 3개월 뒤 만기가 돌아오는 500억 원 회사채를 상환할 자금이 필요하다. ㈜제임스 재무팀에서는 어차피 채권을 새로 찍을 겸 현금 유동성도 좀더 넉넉히 확보해 두고자, 이사회를 통해 채권 발행 수량을 1,000억 원으로 늘려 잡았다.

회사채의 발행 목적 중에 채무상환이 있다. 기존에 발행한 CP, 단기사채, 회사채 만기 도래 일정을 파악하여 채무들의 만기일이 돌아오기 이전에 발행을 준비한다. 채무상환외에도 시설자금, 영업양수자금, 타법인출자자금, 운영자금 등의 목적으로도 발행할 수 있다. 회사채에 투자할 때 회사채의 발행 목적을 파악하는 것도 중요하다.

채권투자자 입장에서는 회사채의 자금사용목적이 채무상환이 가장 유리하다. 다른 목적들은 신규로 부채가 늘어나는 것지만 채무상환의 경우에는 부채가 그대로이기 때문이다. (만기도래금액만 발행할 경우)

(참고) 주식투자자와는 입장에서는 유상증자의 목적이 채무상환일 경우가 가장 좋지 않은 자금사용목적이다. 주식의 경우는 미래의 성장가치를 보고 투자를 하기 때문에 신규 시설자금이나 타법인증권 취득자금 등 투자 목적의 자금사용 목적이 투자자에게 유리하다.

발행 실무

① 신용평가 의뢰

공모 회사채를 발행하기 위해서는 2곳 이상의 외부 신용평가사에서 평가받은 신용평가서가 필요하다. ㈜제임스의 경우 기존에 신용등급이 있어 2~4주면 신규로 발행하는 신용평가서를 수령할 수 있다. 반면 채권 발행사가 기존에 회사채 신용등급이 없으면 회사의 규모, 회사가 제공하는 자료, 신용평가사의 사정 등에 따라 3~6주 정도 시간이 소요된다.

증권 인수업무 등에 관한 규정

제11조의2(무보증사채의 인수)

① 금융투자회사가 무보증사채를 인수하는 경우 법 제335조의3에 따라 인가를 받은 자(이하 "신용평가회사"라 한다) 중에서 둘 이상[1)]의 신용평가회사[2)]로부터 해당 무보증사채에 대한 평가를 받은 것이어야 한다. 〈개정 2017.12.20〉

1)「자산유동화에 관한 법률」에 따라 사채의 형태로 발행되는 유동화증권을 인수하는 경우, 금융투자업규정 제8-19조의14에 따라 선정된 신용평가회사로부터 평가를 받은 경우 또는 신용평가회사의 업무정지 등 부득이한 사유가 있는 경우에는 하나 이상

2) 외국법인 등이 발행한 무보증사채의 경우에는「증권의 발행 및 공시 등에 관한 규정」제2-11조 제2항 제1호 마목의 금융감독원장이 정하는 국제신용평가기관을 포함한다. 이하 이 장에서 같다.

② 대표주관계약 체결

규정상 증권신고서를 제출하기 전 10영업일 전에는 대표주관 계약하여 5영업일 이전까지 금융투자협회에 신고해야 한다. ㈜제임스는 A, B 두 증권사를 공동대표주관회사로 선정하였다.

증권 인수업무 등에 관한 규정

제11조(무보증사채 대표주관계약의 체결 등)

① 금융투자회사는 무보증사채의 인수를 의뢰받은 때에는 증권신고서 제출 10영업일 이전에 대표주관계약을 체결하고, 대표주관계약서 사본을 계약 체결일부터 5영업일 이내에 협회에 신고하여야 한다. 다만, 유동화사채 또는 법 제119조 제2항에 따라 일괄신고서 제출을 통해 모집·매출하는 무보증사채의 인수를 의뢰받은 경우에는 그러하지 아니하다. 〈개정 2014. 2. 20〉

③ 기업실사

대표주관회사는 발행사에 대해 실사의 의무가 있기에 실사기간 동안 실제로 ㈜제임스를 방문하여 증권신고서상의 내용에 대해서 실사를 하고 실사의 내용을 작성하여 증권신고서에 첨부한다.

기업 실사 내용(예시)

기업 실사 내용
* 발행 절차 관련사항 확인 • 이사회 등 상법 절차 및 정관 등 검토 • 무보증 회사채 발행 일정 협의 • 실사 사전요청자료 제공 • 공시 및 뉴스 내용 등을 통한 발행회사 및 소속산업 • 실사 방식 및 일정 안내
* 발행회사 방문 * Due-diligence Check-List에 따라 투자위험요소 실사 * 회사의 사업내용 이해 (IR 및 기획 부서) • 사업의 내용, 영업 현황, 인터뷰 및 실사 • 경쟁 현황 인터뷰 및 실사 * 재무관련 사항, 영업실적에 대한 실사 및 인터뷰 (재무 부서) * 이사회의사록, 주주총회의사록, 내부규정, 정관 및 법인등기부등본 검토 * 사업계획 검토 및 인터뷰 * 개인정보 보호관련 통제절차, 보안실사
* 증권신고서 작성 및 조언, 증권신고서 내용의 검증 • 모집매출 증권 관련 적정성 검토 • 투자위험요소 세부사항 체크

④ 사채발행 관련 이사회 의결

㈜제임스 경영진만으로 회사채 발행을 결정할 수 없다. 사채의 발행은 상법에서 규정되어 있는데 이사회의 결의가 필요하다. 이사회 의결한 내용을 반드시 증권신고서에 첨부해야 한다.

상법

제469조(사채의 발행)

① 회사는 이사회의 결의에 의하여 사채(社債)를 발행할 수 있다.

② 제1항의 사채에는 다음 각 호의 사채를 포함한다.

1. 이익배당에 참가할 수 있는 사채
2. 주식이나 그 밖의 다른 유가증권으로 교환 또는 상환할 수 있는 사채
3. 유가증권이나 통화 또는 그 밖에 대통령령으로 정하는 자산이나 지표 등의 변동과 연계하여 미리 정하여진 방법에 따라 상환 또는 지급금액이 결정되는 사채

③ 제2항에 따라 발행하는 사채의 내용 및 발행 방법 등 발행에 필요한 구체적인 사항은 대통령령으로 정한다.

④ 제1항에도 불구하고 정관으로 정하는 바에 따라 이사회는 대표이사에게 사채의 금액 및 종류를 정하여 1년을 초과하지 아니하는 기간 내에 사채를 발행할 것을 위임할 수 있다.

이사회 의사록 [예시]

제7회 이사회 의사록

(표결결과) 이상과 같이 토의한 후 의장은 최종 가부의견을 묻고 참석이사 전원의 찬성으로 제안 대로 가결

(의결사항)

중기 투자 확대 및 금리상승에 선제적으로 대응하기 위해 사채 발행과 자기주식 처분을 결의함

[사채발행]

사채종류	기명식 무보증 교환사채	무기명식 무보증 교환사채
발행동화	유로화(EUR)	원화(KRW)
발행금액	1.3~1.5조 원 상당(EUR 10-12억 수준) *교환가액 총액을 환율에 따라 환산하여 확정	0.5조 원
자금용도	투자소요 대응 및 차입금 상환 등	
발행금리	표면금리: 0%, 만기수익률: 시장금리 수준	시장금리 수준
만기	5년 이내	3년~10년 이내
발행시기	'21년 9월 1일(예정)	'22년 3월(예정)

*교환사채는 회사 및 사채권자에게 사채조건에서 정하는 바에 따리 3년후 조기상황(청구)권을 부여

[자기주식 처분]

처분목적	자기주식을 교환대상으로 하는 해외 교환사채 발행
처분주식	(주)포스코 기명식 보통주 3,300,00주 이내
처분가격	사채가격 결정일 종가의 130~150% 수준
처분금액	원화 438,100원~505,000원 수준(결의일 종가 337,000원 기준 예상수치)

본 의결의 세부실행 방안은 후술하는 조건의 범위(7~9페이지) 내에서 재무실장에게 위임함

(폐회) 이상과 같이 제 2021-07-02 호 이사회 안건을 가결한 후
의장은 11:20에 폐회를 선언

(기타 참석자) 산업가스수소사업부장 유병옥, 물류사업부장 김광수,
커뮤니케이션본부장 오석근, 안전환경본부장 이시우,
구매투자본부장 이주태, 경영지원본부장 양원준, 법무실장 이성욱,
재무실 자금그룹장 선주현

〈출처 : ㈜포스코 DART 증권신고서 공시자료 참조〉

⑤ 원리금지급대행계약

회사채 발행 시 은행을 하나 골라서 원리금지급대행계약을 맺어야 한다. 채권발행 이후 채권 투자자들에게 이자를 지급할 때 ㈜제임스가 그 은행에 이자금액을 입금하면 은행이 한국예탁결제원에 그 금액을 송금하고, 한국예탁결제원이 기관투자자나 이 채권 보유 고객들 계좌를 관리하는 증권사로 그 금액을 송금해 주고. 증권사들이 결국 각 채권자들에게 다시 지급해 준다.

원리금지급대행계약서 [예시]

사채원리금 지급대행 계약서

주식회사 포스코(이하 '위탁자')가 주식회사 우리은행(이하 '수탁자')에게 제 311 회 공모 사채의 원리금 지급사무(이하 '대행사무')를 위탁함에 관하여 다음과 같이 계약을 체결한다.

제1조 ('대형사무'의 수락)
'위탁자'는 다음 각호의 의하여 발생하는 사채의 원리금 지급사무를 '수탁자'에게 위탁하고 '수탁자'는 이를 수락한다.

1. 사채의 명칭 및 종류 :
   (1) 주식회사 포스코 제 311−1회 무기명식 이권부 무보증사채
   (2) 주식회사 포스코 제 311−2회 무기명식 이권부 무보증사채
2. 사채의 종류 : 무기명식 1권부 무보증사채
3. 사채의 전자등록총액 :
   (1) 제 311−1회 금 이천억원(₩200.000.000.000)
   (2) 제 311−2회 금 이천억원(₩200.000.000.000)

   단. "본 사체"의 전자등록총액은 수요예측 결과에 따라 금 오천억원(₩500,000,000,000)이하의 범위 내에서 "발행회사"와 "공동대표주관회사"가 협의하여 변경할 수 있다.
4. 사채의 발행가액 : 각 사채 전자등록총액의 100.00%로 한다.
5. 사채발행가액의 총액 :
   (1) 제 311−1회 금 이천억원(₩200,000,000,000)
   (2) 제 311−2회 금 일천억원(₩100,000,000,000)
6. 사채의 금액과 권종 : "본 사채"의 경우 「주식·사체등의 전자등록에 관한 법률」에 따른 전자등록으로 발행하므로 실물 채권을 발행하지 않는다.
7. 사채의 이율 : 사채발행일로부터 원금상환기일 전일까지 사채의 전자등록금액에 대하여 적용하며, 본 제의 채결 후 수행하는 수요예측 결과를 반영하여 "발행회사"와 "인수단"이 합의한 본 사채 발행과 관련한 최종 "인수계약서"의 사채의 이율을 따른다.
8. 사채의 상환방법과 기한 [제 311−1회]

   "본 사채"의 원금은 2024년 9월 13일에 일시 상환한다. 단, 원금상환기일이 은행의 휴업일(토요일, 공휴일 및 일부 점포만이 영업하는 날 포함. 이하 같음) 에 해당하는 경우 그 다음 영업일을 상환일로 하고, 원금상환기일 이후의 이자는 계산하지 아니한다.

〈출처 : ㈜포스코 DART 증권신고서 공시자료 참조〉

원리금지급대행 업무 흐름도

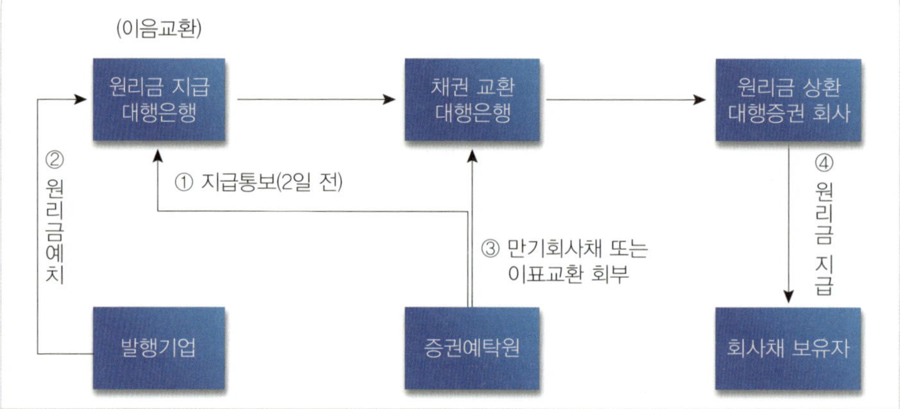

⑥ 사채관리회사계약 체결

만약 ㈜제임스가 회사채 발행 이후 부도가 날 경우, 채권 변제나 사채 관리 등을 대신해 줄 사채관리회사를 정해야 한다. 사채관리회사는 계약서 내용에 따라 주기적으로 발행사인 ㈜제임스 현황을 확인해야 할 의무가 있다. 주로 예탁결제원이나 한국증권금융에서 사채관리회사 업무를 맡지만 증권사가 하는 경우도 있다. ㈜제임스가 일반회사이기 때문에 사채관리계약서가 의무적으로 필요하다. 금융회사의 경우는 회사채 발행 시 사채관리계약서를 체결하지 않는다.

증권 인수업무 등에 관한 규정

제11조의2 제2항

② 무보증사채를 인수하는 경우에는 무보증사채의 발행인과 사채관리회사 간에 협회가 정한 표준무보증사채사채관리계약서(이하 "표준사채관리계약서"라 한다)에 의한 계약이 체결된 것이어야 한다. 다만, 다음 각 호의 어느 하나에 해당하는 무보증사채는 그러하지 아니하다. 〈개정 2012. 6. 28〉

1. 「여신전문금융업법」에 의한 여신전문금융회사가 발행하는 사채
2. 종합금융회사가 발행하는 사채
3. 은행법에 의한 금융기관이 발행하는 사채
4. 금융투자회사가 발행하는 사채
5. 유동화사채 〈개정 2014. 2. 20〉
6. 증권금융회사가 발행하는 사채 〈개정 2014. 2. 20〉

6의2. 〈삭제 2014. 2. 20〉

7. 그 밖에 특별법에 따라 법인이 발행하는 채권 중 협회가 고시하는 채권

사채관리계약서 [예시]

사채모집위탁계약서

사채관리계약서

사 채 명 : 주식회사 포스코 제311-1회 무보증사채
주식회사 포스코 제311-2회 무보증사채
발 행 일 : 2021년 09월 16일
발행금일 : 제311-1회 금 이천억원(₩200.000.000.000)
제311-2회 금 일천억원(₩100.000.000.000)
만 기 일 : 제311-1회 2024년 09월 13일
제311-2회 2026년 09월 16일

발행회사 : 주식회사 포스코
사채관리회사 : 한국증권금융 주식회사

〈출처 : ㈜포스코 DART 증권신고서 공시자료 참조〉

⑦ 증권신고서 제출

채권발행 시 증권신고서의 효력 발생기간이 7영업일이 소요되므로 회사채 발행사는 회사채 발행 예정 8영업일 전에 증권신고서를 금융감독원에 제출해야 한다. 투자자 보호를 위하여 금융감독원에서는 갈수록 증권신고서를 까다롭게 보고 있으므로 발행사와 대표주관회사는 증권신고서 작성에 만전을 기해야 한다. 모든 증권신고서는 금융감독원 다트(http://dart.fss.or.kr)에 업로드되어 공개된다.

증권신고서의 내용은 크게 1부 모집 또는 매출에 관한 사항과 2부 발행인에 관한 사항으로 나누어서 기재한다. 채권발행에 관한 사항은 1부에 있고, 발행사의 재무, 사업 등에 관한 사항은 2부에 있다. 증권신고서를 모두 출력하면 최소 몇 백장에 이르는 엄청난 양이다. 회사의 개요, 연혁부터 회사의 재무상황, 소송사항, 감사보고서 등 많은 내용이 포함되어 있다. 금융감독원에서는 DART 기업공시 사이트에서 이러한 공시내용의 형식을 규정하여 지속적으로 업데이트하여 발행사의 최대한 많은 정보가 투자자들에게 안내가 되도록 노력하고 있다. 따라서 회사채 투자시 반드시 발행사의 증권신고서를 살펴봐야 한다.

금융감독원 Dart 사이트

증권신고서 [예시]

- 증 권 신 고 서
- [대표이사 등의 확인]
- 요약정보
  - 1. 핵심투자위험
  - 2. 모집 또는 매출에 관한 일
- 제1부 모집 또는 매출에 관한 사
  - I. 모집 또는 매출에 관한 일
    - 1. 공모개요
    - 2. 공모방법
    - 3. 공모가격 결정방법
    - 4. 모집 또는 매출절자
    - 5. 인수 등에 관한 사항
  - II. 증권의 주요 권리내용
  - III. 투자위험요소
    - 1. 사업위험
    - 2. 회사위험
    - 3. 기타위험
  - IV. 인수인의 의견(분석기관
  - V. 자금의 사용목적
  - VI. 그 밖에 투자자보호를 우
- 제2부 발행인에 관한 사항
  - I. 회사의 개요
    - 1. 회사의 개요
    - 2. 회사의 연혁
    - 3. 자본금 변동사항
    - 4. 주식의 총수 등
    - 5. 정관에 관한 사항
  - II. 사업의 내용
    - 1. 사업의 개요
    - 2. 주요 제품 및 서비스
    - 3. 원재료 및 생산설비
    - 4. 매출 및 수주상황
    - 5. 위험관리 및 파생거래
    - 6. 주요계약 및 연구개발
    - 7. 기타 참고사항
  - III. 재무에 관한 사항
    - 1. 요약재무정보
    - 2. 연결재무제표
    - 3. 연결재무제표 주석
    - 4. 재무제표
    - 5. 재무제표 주석
    - 6. 배당에 관한 사항
    - 7. 증권의 발행을 통한
    - 8. 기타 재무에 관한 사

증 권 신 고 서

(채 무 증 권)

금융위원회 귀중 　　　　　　　　　　2021년 09월 06일

회 사 명 :	주식회사 포스코
대 표 이 사 :	사장 김학동
본 점 소 재 지 :	경상북도 포항시 남구 동해안로 6261
	(전 화) 054-220-0114 (홈페이지) http://www.posco.co.kr
작 성 책 임 자 :	(직 책) 재무실장 　　(성 명) 정 경 진
	(전 화) 02-3457-0114
모집 또는 매출 증권의 종류 및 수 :	(주)포스코 제311-1회 무기명식 무보증 이권부 공모사채 (주)포스코 제311-2회 무기명식 무보증 이권부 공모사채
모집 또는 매출총액 :	300,000,000,000 원

증권신고서 및 투자설명서 열람장소

가. 증권신고서

전자문서 : 금융위(금감원) 전자공시시스템 → http://dart.fss.or.kr

나. 투자설명서

전자문서 : 금융위(금감원) 전자공시시스템 → http://dart.fss.or.kr

서면문서 : (주)포스코 - 경상북도 포항시 남구 동해안로 6261
미래에셋증권(주) - 서울특별시 중구 을지로5길 26
삼성증권(주) - 서울특별시 서초구 서초대로74길 11
신한금융투자(주) - 서울특별시 영등포구 여의대로 70
NH투자증권(주) - 서울특별시 영등포구 여의대로 108
KB증권(주) - 서울특별시 영등포구 여의나루로 50
대신증권(주) - 서울특별시 중구 삼일대로 343
키움증권(주) - 서울특별시 영등포구 여의나루로4길 18
유안타증권(주) - 서울특별시 중구 을지로 76
한국투자증권(주) - 서울특별시 영등포구 의사당대로 88
하이투자증권(주) - 서울특별시 영등포구 여의나루로 61

자본시장법 시행령

제125조(신고서의 기재사항 및 첨부서류)

① 법 제119조제1항에 따른 신고서(집합투자증권 및 유동화증권은 제외한다)에는 다음 각 호의 사항을 기재하여야 한다. 〈개정 2013.8.27〉

1. 법 제119조제5항에 따른 대표이사 및 신고업무를 담당하는 이사의 제124조 각 호의 사항에 대한 서명
2. 모집 또는 매출에 관한 다음 각 목의 사항

   가. 모집 또는 매출에 관한 일반사항

   나. 모집 또는 매출되는 증권의 권리내용

   다. 모집 또는 매출되는 증권의 취득에 따른 투자위험요소

   라. 모집 또는 매출되는 증권의 기초자산에 관한 사항(파생결합증권 및 금융위원회가 정하여 고시하는 채무증권의 경우만 해당한다)

   마. 모집 또는 매출되는 증권에 대한 인수인의 의견(인수인이 있는 경우만 해당한다)

   바. 주권비상장법인(설립 중인 법인을 포함한다)이 인수인의 인수 없이 지분증권(지분증권과 관련된 증권예탁증권을 포함한다)의 모집 또는 매출(이하 "직접공모"라 한다)에 관한 신고서를 제출하는 경우에는 금융위원회가 정하여 고시하는 요건을 갖춘 분석기관(이하 이 조에서 "증권분석기관"이라 한다)의 평가의견. 다만, 금융위원회가 정하여 고시하는 경우에는 이를 생략할 수 있다.

   사. 자금의 사용목적

   아. 그 밖에 투자자를 보호하기 위하여 필요한 사항으로서 금융위원회가 정하여 고시하는 사항
3. 발행인에 관한 다음 각 목의 사항(설립 중인 법인의 경우에는 금융위원회가 정하여 고시하는 사항을 말한다)

   가. 회사의 개요

   나. 사업의 내용

   다. 재무에 관한 사항

   라. 회계감사인의 감사의견

   마. 이사회 등 회사의 기관 및 계열회사에 관한 사항

   바. 주주에 관한 사항

   사. 임원 및 직원에 관한 사항

   아. 이해관계자와의 거래내용

   자. 그 밖에 투자자를 보호하기 위하여 필요한 사항으로서 금융위원회가 정하여 고시하는 사항

② 제1항에 따른 신고서에는 다음 각 호의 서류를 첨부해야 한다. 이 경우 금융위원회는 「전자정부법」 제36조제1항에 따른 행정정보의 공동이용을 통하여 법인 등기사항증명서를 확인해야 한다. 〈개정 2021.10.21〉

1. 정관 또는 이에 준하는 것으로서 조직운영 및 투자자의 권리의무를 정한 것
2. 증권의 발행을 결의한 주주총회(설립 중인 법인인 경우에는 발기인 총회를 말한다) 또는 이사회의사록(그 증권의 발행이 「상법」 제418조제2항에 따른 발행인 경우에는 그 증권의 발행의 구체적인 경영상 목적, 그 주주 외의 자와 발행인과의 관계 및 그 주주 외의 자의 선정경위를 포함한다)의 사본, 그 밖에 증권의 발행결의를 증명할 수 있는 서류
3. 법인 등기사항증명서에 준하는 것으로서 법인 설립을 증명할 수 있는 서류(법인 등기사항증명서로 확인할 수 없는 경우로 한정한다)
4. 증권의 발행에 관하여 행정관청의 허가ㆍ인가 또는 승인 등을 필요로 하는 경우에는 그 허가ㆍ인가 또는 승인 등이 있었음을 증명하는 서류
5. 증권의 인수계약을 체결한 경우에는 그 계약서의 사본
6. 다음 각 목의 증권을 증권시장에 상장하려는 경우에는 거래소로부터 그 증권이 상장기준에 적합하다는 확인을 받은 상장예비심사결과서류(코넥스시장에 상장하려는 경우에는 상장심사결과서류를 말한다)
   가. 지분증권(집합투자증권은 제외한다)
   나. 증권예탁증권(지분증권과 관련된 것만 해당한다)
   다. 파생결합증권(증권시장이나 해외 증권시장에서 매매거래되는 가목 또는 나목의 증권의 가격이나 이를 기초로 하는 지수의 변동과 연계하여 미리 정하여진 방법에 따라 가목 또는 나목의 증권의 매매나 금전을 수수하는 거래를 성립시킬 수 있는 권리가 표시된 것만 해당한다)
7. 법 제124조제2항제2호에 따른 예비투자설명서(이하 "예비투자설명서"라 한다)를 사용하려는 경우에는 예비투자설명서
8. 법 제124조제2항제3호에 따른 간이투자설명서를 사용하려는 경우에는 간이투자설명서
9. 직접공모의 경우에는 다음 각 목의 서류
   가. 증권분석기관의 평가의견서
   나. 가목의 평가와 관련하여 기밀이 새지 아니하도록 하겠다는 증권분석기관 대표자의 각서
   다. 제137조제1항제3호의2에 따른 청약증거금관리계약에 관한 계약서 사본 및 같은 계약에 따라 청약증거금을 예치하기 위하여 개설한 계좌의 통장 사본

10. 그 밖에 투자자를 보호하기 위하여 필요한 서류로서 금융위원회가 정하여 고시하는 서류

③ 제1항에 따른 신고서를 제출하여야 하는 법인 중 「주식회사 등의 외부감사에 관한 법률 시행령」 제3조제1항에 따른 종속회사가 있는 법인(이하 "연결재무제표 작성대상법인"이라 한다)의 경우에는 제1항제3호다목에 따른 재무에 관한 사항, 그 밖에 금융위원회가 정하여 고시하는 사항은 「주식회사 등의 외부감사에 관한 법률」 제2조제3호에 따른 연결재무제표(이하 "연결재무제표"라 한다)를 기준으로 기재하되 그 법인의 재무제표를 포함하여야 하며, 제1항제3호라목에 따른 회계감사인의 감사의견은 연결재무제표와 그 법인의 재무제표에 대한 감사의견을 기재하여야 한다.
〈신설 2018.10.30〉

④ 제1항부터 제3항까지에서 규정한 사항 외에 신고서의 서식과 작성방법 등에 관하여 필요한 사항은 금융위원회가 정하여 고시한다. 〈개정 2010.6.11〉

⑧ 주요 투자자 태핑 및 수요예측 금리밴드 결정

공모회사채 발행의 가장 핵심적인 절차가 바로 '수요예측'이다. 기관투자자들이 우리 채권에 얼마나 많이 투자할 의사를 갖고 있는지 조사하는 과정인데, 사실상 기관 수요예측에 참여한 기관은 99.9%의 확률로 청약일에 채권을 가져간다고 보면 되기 때문에 수요예측일은 사실상 채권 입찰일로 보아도 무방하다.

수요예측을 위하여 현재 ㈜제임스의 신용등급과 시장상황을 고려하여 수요예측 금리 밴드를 설정하여야 한다. ㈜제임스의 경우 현재 회사의 재무상황이 좋지 않고 업황도 부정적이라 수요예측 금리밴드(발행금리의 범위) 상단을 일반적인 상황보다 더 많이 올려서 진행해야 최대한 투자자들의 수요를 모을 수 있다. ㈜제임스는 증권신고서상 500억을 모집하고 수요예측 금리밴드는 개별민평(민간평가사들이 발표하는 적정금리의 평균)보다 높은 수준에서 설정하였다.

무보증사채 수요예측 모범규준

제3조(공모 희망금리 및 발행예정금액 제시)

① 금융투자회사는 발행회사와 대표주관계약을 체결한 이후에 해당 무보증사채의 금리수준을 최대한 적정하게 추정한 후 발행회사와 협의하여 공모 희망금리를 결정하고 수요예측을 실시하기 이전에 해당 희망금리와 증권신고서에 기재된 발행예정금액(이하 '발행예정금액'이라 한다)을 수요예측 참여자에게 제시하여야 한다.

② 제1항에 따른 공모 희망금리는 최고금리와 최저금리의 차이가 20bp 이상이 되는 구간의 형태로 제시하고, 그 최고금리는 많은 투자자가 수요예측에 참여할 수 있도록 해당 무보증사채의 시가로 여겨지는 금리[「자본시장과 금융투자업에 관한 법률」(이하 '법'이라 한다) 제263조에 따른 2개 이상의 채권평가회사(그 구체적 명칭을 공개하여야 한다)가 평가한 금리의 평균을 말한다] 이상으로 제시하되 그러하지 않을 경우 합리적 근거를 공개하여야 한다.

금융투자회사는 투자자의 투자판단에 참고가 될 수 있도록 공모 희망금리를 추정한 구체적인 근거(해당 기업의 2개 이상 민간 채권평가사 평가금리, 동종업계 동일등급 회사채의 최근 발행금리 또는 유통금리 등)를 공개하여야 한다.

⑨ 기관 수요예측과 공모 청약

수요예측일에 실제로 기관투자자들이 ㈜제임스 회사채 입찰에 금융투자협회의 Kbond라는 시스템을 통해서 청약을 한다. 채권의 금리가 곧 가격이기에 금리가 낮을수록 최우선적으로 채권을 받아갈 수 있다. 같은 금리이면 수량이 많을수록, 수량이 같으면 입찰한 시간이 빠를수록 낙찰이 되는 구조이다.

이는 더치 입찰 방식의 단일가격 입찰형태이다. 즉, 수요예측 시 가장 낮은 금리(가장 높은 가격)를 제출한 참여자의 물량부터 누적하여, 금리가 낮은 순으로 입찰될 전체 물량을 소화하는 참여자에 이르렀을 때 그 참여자가 입찰에 참여한 금리가 곧 모든 참여자의 입찰 금리가 된다. 이 금리보다 낮은 수준의 입찰에 참여한 모든 참여자가 같은 금리에 신청 채권 물량을 배정받게 되는 것이다.

수요예측 단위는 발행사가 주관사와 협의하여 정할 수 있다. 주로 100억 단위가 기본이지만 발행사에 따라 50억, 10억 단위로 수요 예측하는 경우도 있다.

무보증사채 수요예측 모범규준

제4조(수요예측 실시)

① 규정 제12조에 따라 공모 무보증사채의 금리를 결정하고자 하는 경우 발행회사와 대표주관계약을 체결한 금융투자회사(이하 '대표주관회사'라 한다)가 수요예측을 실시하여야 한다.

② 대표주관회사는 수요예측 참여자가 불성실 수요예측 참여자로 지정되어 있는지 여부를 확인하여 수요예측 참여가 제한되는 자를 수요예측 참여자에 포함하여서는 아니된다.

③ 대표주관회사는 수요예측 참여자가 참여금액 및 금리를 기재할 때에 착오로 잘못 입력하지 않도록 적정한 대책을 마련하여야 한다.

④ 대표주관회사는 수요예측 참여자가 원하는 경우 서로 다른 금리로 참여금액을 신청할 수 있도록 하여야 한다.

⑤ 집합투자업자가 수요예측에 참여하고자 하는 경우 대표주관회사는 해당 참여자로 하여금 고유재산과 집합투자재산 중 청약·납입을 실제 이행하는 재산을 구분하여 참여하도록 하여야 한다.

⑥ 대표주관회사는 수요예측 참여금액의 합이 발행예정금액에 미치지 못하는 등 불가피한 경우를 제외하고 수요예측 종료 후 별도의 수요파악을 하여서는 아니 된다.

제4조의2(유효수요의 합리적 판단)

① 대표주관회사는 유효수요(수요예측에 참여한 전체 수요 중 과도하게 높거나 낮은 금리로 참여한 수요를 제외하여 정상적인 시장수요라고 대표주관회사가 판단한 금액을 말한다. 이하 같다)를 판단하기 위하여 다음 각 호의 방법을 포함한 합리적인 기준을 미리 마련하여 운영하여야 한다.

1. 수요예측 결과를 근거로 합리적인 통계기법 등을 활용하여 유효수요를 산정하는 방법
2. 수요예측 결과를 근거로 합리적인 통계기법 등을 활용할 수 없는 불가피한 사유가 있는 경우 그 사유와 그 때 유효수요를 산정하는 방법

② 대표주관회사는 수요예측 종료 후 제1항에 따라 미리 정한 기준을 적용하여 수요예측에 참여한 전체수요 중 유효수요를 합리적으로 판단하여야 한다.

③ 대표주관회사는 공모 희망금리의 최저 및 최고금리 사이(최저 및 최고금리를 포함한다)에 참여한 수요를 유효수요에서 제외하여서는 아니 된다. 다만, 통계적 사분위수를 활용한 기법 등 합리적인 통계기법 및 그 밖의 방법에 따라 유효수요가 아니라고 판단한 합리적 근거가 있을 때에 그 근거를 공개한 경우에는 그러하지 아니하다.

도전편

수요예측 현황(예시)

기관	수량	+20bp 3.80%	+21bp 3.81%	+40bp 4.00%	+45bp 4.05%	+49bp 4.09%
현준증권	100	100				
우림투자자문	50		50			
우진생명	50		50			
은우자산운용	50		50			
승유화재	50			50		
진석연금	50				50	
원석공제회	50					50
합계	400	100	250	300	350	400

위의 ㈜제임스 수요예측 결과 500억 원의 발행예정금액 대비 400억 원 입찰로 100억 원이 미달되었다. 미달된 금액은 청약일까지 수요예측에 참여하였던 기관과 관심 있었으나 수요예측에 참여하지 않았던 기관대상으로 추가청약을 받는다.

추가 청약에도 불구하고 500억 원이 다 차지 않았을 경우 대표주관사와 인수사가 최초에 인수계약서에 작성한 비율로 배분하여 인수한다. 최종적으로 증권사들이 인수한 미달된 채권을 인수북에서 시장에 매각을 하게 된다.

용어 해설

Basel Ⅲ "국제결제은행(BIS) 산하 바젤은행감독위원회(BCBS)가 2010년 9월 12일(현지시간) 스위스에서 중앙은행 총재 및 감독기관장 회의를 열고 내놓은 새로운 국제은행자본규제 기준. 현행 은행자본규제였던 바젤 2를 대폭 강화한 것이 특징으로, 2013년 12월부터 국내 은행에 도입됨 (출처: 시사상식z사전, 박문각)"

BEI Spread Break Even Inflation Spread. 국채금리 - 물가연동국채금리를 의미

BLOOMBERG 전세계 금융시장의 뉴스, 데이터, 분석정보 등을 서비스하는 미국 회사. 일반적으로 블름버그 단말기를 의미

Brokerage 금융상품을 판매하면서 일정수수료를 수취하는 사업

C++ C언어의 확장판으로 만들어진 프로그램 언어

CAIA Chartered Alternative Investments Analyst. 공인대체투자분석가로 대체투자상품 분야의 국제 자격증

CDS프리미엄 Credit Default Swap Premium. 부도 위험을 사고파는 금융파생상품. 채권의 부도가능성을 헤지하기 위해 해당 위험을 매도하면, 매수하는 투자자는 일정 수수료를 수취하고 위험을 보유

CFA Chartered Financial Analyst. 공인재무분석사로 국제적으로 권위를 인정받는 자격증으로 금융분야에서의 최고의 자격

CFP Certified Finance Planner. FPSB에서 주관하고 한국 FPSB에서 대리하는 국제공인재무설계사를 의미

CHECK EXPERT 코스콤에서 제공하는 종합 금융정보 단말기

CLN 신용연계채권. 신용위험방지요소가 결합된 채권을 의미하는데 일반적인 CLN은 채권매입자의 신용위험 부담을 덜어주기 위해 채권에 신용옵션을 결합시킴. (출처: 시사상식사전, 박문각)

CNBC 미국 경제뉴스 전문 방송

Coupon Rate 표면금리와 동일한 개념

CP 기업에서 금융시장으로부터 단기자금을 조달하기 위해서 발행하는 '기업어음: Commercial Paper'의 약자로 채권과 비슷한 성격을 가지나, 발행 시에 정해진 권종(1억, 5억, 10억, 50억, 100억 등)들이 있어 그 이하로는 분할 양도가 되지 않는 등의 특징을 가짐

CPA Certified Public Accountant. 공인회계사를 의미.

Dart 금융감독원 전자공시시스템 명칭

DCM Debt Capital Market. 자본시장 중에서 채권과 관련된 자본시장을 의미

Dealing 자가자본으로 금융상품을 매매하여 수익을 내는 사업

Due Diligence 일반적으로 투자자보호 목적으로 적용되는 의무사항을 의미

Fed 미국의 중앙은행제도인 연방준비제도(Federal Reserve System) 또는 이들의 의사결정기구인 연방준비제도이사회(Federal Reserve Board)를 의미, 미국의 중앙은행을 통칭할 때 사용. 1년에 8번에 걸쳐 연방공개시장위원회(FOMC)를 열어 미국의 정책금리를 결정하고, 달러 통화량 조절 등 미국의 통화정책들을 결정

FICC Fixed Income Currency Commodity. 채권, 외환, 원자재 등과 관련된 현물 및 파생상품을 운용하고 세일즈하는 업무 또는 부서를 의미

FRM Financial Risk Manager. 국제재무위험관리사로 미국의 GARP에서 주관하는 국제 자격증

FX Foreign Exchange. 일반적으로 외환 관련한 거래를 의미

High Risk, High Return 모든 투자의 기본 원칙. 높은 수익률을 제시하는 상품은 그만큼 위험을 감수해야 한다는 의미

HTS Home Trading System. 투자자가 주식을 사고팔때 증권사 지점 대신 인터넷이 연결된 컴퓨터에서 가능하게 하는 프로그램

Investing.com 국제시장 데이터 등을 실시간으로 제공하는 해외 사이트

Marketwatch 국제시장 데이터 등을 실시간으로 제공하는 해외 사이트

MATLAB 통계 및 공학용 프로그램

PD 업무 국채시장에서 국채 인수 등에 대한 권리를 받는 대신 장내시장 조성의무를 수행하는 국채딜러업무를 의미

Reuters 국제시장 데이터 등을 실시간으로 제공하는 해외 사이트

Underwriting 유가증권을 발행하면서 수수료를 수취하는 사업

VB Visual Basic. 윈도우용 프로그램 개발언어로 엑셀에 연동되어 사용이 편리함.

가산 금리 특정 수준의 금리에서 추가적으로 더해진 금리. (금리) 스프레드(Spread)라고도 함.

고용안정채권 IMF 위기 때 실직자의 생계지원자금을 마련하기 위해 발행한 특별채권

공개시장조작운영 중앙은행이 환매조건부채권의 매입 또는 매도 등의 방법으로 금융시장에 직접 개입하여 통화량을 조절하는 행위

과세표준 정부가 세금을 부과함에 있어 기준이 되는 대상 소득

국공채 정부에서 발행한 국채와 지방자치단체에 의해 발행된 지방채, 그리고 특별법에 따라 설립된 정부산하의 특수법인이 발행한 특수채를 포괄하는 개념

국민주택채권(국채) 정부가 국민주택사업에 필요한 자금을 조달하기 위하여 발행하는 채권. 국채의 일종이며 「국채법」에 따른다. (출처: 시사상식사전)

국제통화기금 브레튼우즈 협정에 의해 1947년 발족한 국제통화 협력 및 경제성장에 필요한 공동기금을 운영하는 국제기구

글로벌 소버린채 해외채권 중에서 국채를 의미. 예) 러시아국채, 그리스국채, 프랑스국채 등

금융종합과세 이자, 배당 등 금융소득이 년 2천만 원 이상인 경우 초과분을 다른 소득과 합산하여 누진세율을 적용하는 과세 방법

금융채무 채무 중에 은행,저축은행 등 금융기관에 대한 채무

금융투자협회 한국금융투자협회는 증권사, 자산운용사, 선물거래회사 등 금융시장에서 활동하는 기업들을 대표하는 협회이다. '자본시장과 금융투자업에 관한 법률'에 의해 의무적으로 설치된 금융단체. (출처: 네이버 기관단체사전)

기술적 부도 상환계획을 이행하는 것과는 관계없이, 채무자가 채권자와 계약한 상환조건을 충족시키지 못한 경우를 의미

기업공시시스템 기업의 내용을 일반인에게 알리는 시스템을 의미. 우리나라는 전자공시시스템이 구축되어 있음

기존관리인유지제도 회사가 법정관리에 들어갈 경우 기존 회사의 대표자를 관리인으로 선임하는 제도. 기존 경영인들이 경영권을 유지하기 위해 악용하는 사례도 있음

기준금리 한 국가의 금융시장의 금리 체계에서 기준이 되는 금리로 정책금리라고도 함. 한국의 경우, 중앙은행인 한국은행 안에 설치된 금융통화위원회에서 매달 회의를 통해 결정

기타기본자본 BIS기준 자기자본비율을 계산할 때, 자기자본의 핵심이 되는 자본을 기본자본이라고 하는데 이 기본자본의 조건 위에 추가적으로 기본자본으로 인정되는 자본

내적 요인 어떤 자산의 가치 또는 지표의 변동의 원인을 그것이 가지고 있는 내부적인 성질에서 찾을 때, 이를 내적 요인에 의한 변동이라고 함.

단기금리 일반적으로 만기 1년 미만의 금리를 단기금리라고 정의하지만, 채권시장에서는 주로 잔여만기 3개월 내외의 채권 금리를 뜻함.

더티프라이스 일반적인 채권 가격으로 액면가격에 채권의 가치 변화인 자본차손익만을 더한 클린프라이스에 경과이자가 포함된 가격

듀레이션 채권의 만기까지 발생하는 현금흐름을 만기수익률로 할인하여 나타낸 값으로 통상 채권에 돈을 투자하며 회수하기 까지 걸리는 기간을 뜻함.

디플레이션 인플레이션의 반대 개념으로 물가가 지속적으로 하락하는 현상

만기수익률 매매수익률과 동일한 개념

말킬의(채권) 가격정리 버튼 고든 말킬 교수가 채권금리와 채권가격 간의 관계를 5가지의 일반원칙을 통해 정리

매매수익률 채권 투자로부터 발생하는 현금흐름의 합계액과 현재의 그 채권가격을 일치시키는 할인율을 의미. 만기수익률(YTM) 등으로도 불린다. 채권시장에서 채권거래 시에는 채권의 단가(가격) 대신에 주로 매매수익률을 호가로 하여 거래

모든 상거래 채무 기업이 동시에 완료된 매출을 제외한 모든 거래 과정에서 생긴 채무를 총칭하는 표현

무기명 채권 채권 증서상 채권자가 표시되지 않는 채권. 현재는 존재하지 않음.

물가연동계수 해당 일의 물가지수를 기준일의 물가지수로 나눈 값(물가연동계수가 1보다 크면 기준일보다 해당일의 물가가 상승한 것이다.)

물가연동국채 물가 변동에 따라 이자와 액면 원금이 변동하는 국채, 매월 발표되는 소비자물가지수의 변동분이 물가연동국채의 액면가격에 반영되고, 약속된 표면금리를 변동된 액면가격에 곱한 이자금액을 약속된 지급주기에 따라 지급

민평가 민간 채권평가사들(3사 또는 4사)이 평가한 채권의 전일 종가의 평균가격. 3사: KIS채권평가, 나이스P&I, 한국자산평가, 3사에 FN자산평가를 더해서 4사라고 부르기도 함.

발행물 발행이 예정되어있거나, 막 발행되어 유통되기 시작한 채권

버튼 고든 말킬 미국의 프린스턴 대학의 경제학 교수이자 유명 작가. 채권의 가격과 수익률 간의 관계를 정리한 '채권 가격 정리'와 저서를 통해 주식시장의 '랜덤워크이론'을 널리 전파

법정관리(기업회생절차) 기업이 채무를 갚기 어려운 상황에서 통합도산법에 근거 법원의 감독아래 지정된 제3자의 경영진을 파견하여 회생가능하면 계속 경영하며, 불가하면 청산 및 강제매각 조치

변제율 회생신청후 기존의 채권 금액대비 조정받은 채무상환금액의 비율

보상(Risk Premium) 해당 자산을 보유할 때의 안전 자산을 보유할 때에 비해 위험을 감수할 만큼, 이에 대해 투자자들이 요구하는 수준의 보상을 의미

보완자본 기본자본과 함께 BIS 기준 자기자본비율의 분자인 자기자본을 형성하며, 전형적인 자기자본은 아니지만 자기자본에 포함될 수 있는 정당하고 중요한 성격을 갖고 있다고 인정되는 항목으로 각국의 회계 · 조세제도에 따라

감독 당국의 재량으로 결정하되 BIS 기준에 제시된 일정한 조건을 충족하여야 한다. 우리나라의 경우 재평가적립금, 유가증권평가익, 대손충당금, 부채성자본조달수단, 기한부후순위채무 등이 이에 해당된다. (출처: 한경 경제용어사전)

부채상환 유예 채무자가 과도한 채무로 인해서(사업) 자체가 어려워지게 되어, 특정일에 도래하는 만기상환 및 이자지급을 일정기간 뒤로 미루어 주는 것

분리과세 어떠한 소득을 종합소득과세표준에 합산하지 않고 따로 분리하여 과세하는 것

브래디채권 1980년대 남미 국가들의 금융위기시 브래디 전 미국 재무부장관이 제시하여 발행한 미국정부가 지급을 보증한 채권

서브프라임 모기지 서브프라임(subprime)은 프라임(prime=초우량)보다 낮은 등급의 비우량 주택담보대출을 의미. 신용등급이 낮은 저소득층에게 주택자금을 빌려주는 미국의 주택담보대출상품. 프라임, 알트-A, 서브프라임의 순서로 신용등급이 낮아진다. 서브프라임모기지를 유동화한 금융상품으로 인해 글로벌 금융위기가 발생

선급법인세 법인의 회계연도 중 미리 납부한 법인세

세액공제 과세소득금액 등에 세율을 적용하여 산출한 세액에서 일정액을 공제하여 실제로 납부할 세액을 산출하는 것. (출처: 회계세무 용어사전)

세전수익률 세금을 납부하기 전 총 수익을 투자한 원금으로 나누어 계산한 수익률, 개인투자자들이 채권에 투자할 경우 총 수익이 이자소득(과세)과 자본차익(비과세)을 모두 포함하므로 세전수익률로는 채권의 수익성을 가늠하기가 어렵다. 따라서 증권사에서는 개인투자자들에게 채권의 실질 수익성을 안내하기 위해 예금환산수익률을 제시한다.

세후연평균수익률 채권 투자수익에 대한 세금을 모두 납부한 이후의 총수익을 투자한 원금으로 나누어 계산한 세후수익률을 연 단위로 환산하여 계산한 수익률이다.

스프레드 가산 금리와 동일한 개념

시가평가 자산의 시장 가격에 의한 평가. 시장에서의 가치가 반영됨.

시공사 시행사로부터 발주 받은 공사를 진행하는 회사, 일반적으로 많이 알려진 건설사들을 뜻함.

시장금리 금융시장, 일반적으로는 채권시장에서 적용되는 채권의 금리로 해당 채권의 시장에서의 가치를 의미 이를 기준으로 매매수익률이 결정됨.

시행사 부동산 개발사업의 기획, 자금조달, 발주 등 모든 사업 과정을 관리하는 회사

신용 경색 시중의 자금이 제대로 유통되지 않는 현상으로 시장 참여자들의 채무불이행 위험이 높아졌을 때 발생. 금융위기 상황에서 신용경색 현상이 나타나며, 단기금리가 크게 올라 이자부담이 증가하면서 금융기관과 기업들이 연쇄적으로 도산하기도 함.

신용평가사 채권을 평가하는 회사 우리나라에는 한국신용평가, 한국기업평가, NICE 가 있음.

실물자산 부동산, 금 등과 같이 실체가 존재하는 자산으로 가치가 변동하여도 '0'이 되지는 않음.

안전자산 미래에 수익률이 정해져 있는 자산을 의미. 원리금 상환이 국가에 의해 보장되는 국채가 안전자산에 해당. 다만, 자국민에게 자국의 국채는 안전자산에 해당되지만, 외국의 국채들은 환율변동 위험과 국가부도위험을 내포하므로 위험자산으로 분류

앤캐리 트레이드 투자 일본의 저금리 기조로 저렴한 비용으로 조달한 금액을 해외의 고금리 상품에 투자하는 방법

양적 완화 중앙은행이 국채의 직접 매입을 통해 통화를 시중에 직접 공급해 신용경색을 해소하

고, 경기를 부양시키는 통화정책으로 2008년 금융위기 이후 위축된 글로벌 경제를 부양하기 위해 Fed에서 시행하면서 널리 알려짐.

연방준비제도이사회 미국 중앙은행의 의사결정기구이다. 1년에 8번에 걸쳐 연방공개시장위원회(FOMC)를 열어 미국의 정책금리를 결정하고, 달러 통화량 조절을 비롯해 미국의 통화정책을 결정한다.

예금보험공사 금융기관이 파산 등으로 예금을 지급할 수 없는 경우 예금의 지급을 보장함으로써 예금자를 보호하고 금융제도의 안정성을 유지하기 위한 '예금자보호법'에 의거하여 설립된 공기업

예금환산수익률 개인투자자가 채권을 투자하여 만기보유 시에 기대되는 세후 수익률을 투자자의 소득세율을 감안하여 역산한 수익률로, 복잡한 채권의 투자수익률을 단순화하여 예금금리와 바로 비교할 수 있도록 하기 위해 제공

예탁결제원 기관투자자와 개인투자자가 보유한 주식 · 채권 등의 유가증권을 관리하는 기능을 수행하는 국내의 유일한 유가증권 중앙예탁결제기관

와타나베 부인 오랜 저금리로 일본에서의 투자보다는 저금리로 돈을 조달해 적극적으로 해외투자에 나선 일본 주부들이 투자의 큰 손이 되면서 이들을 지칭하게된 용어

완화적인 통화정책 기준금리를 인하하거나 금융시장에서 채권을 매입하므로써 시중의 유동성 증가를 유도하는 통화정책

외국통화표시채권 자국통화외의 해외에서 통용되는 외화로 발행한 채권. 주로 달러화로 발행

외적 요인 어떤 자산의 가치 또는 지표의 변동의 원인을 그것이 가지고 있는 외부적인 성질에서 찾을 때, 이를 외적 요인에 의한 변동이라고 함.

외환보유고 국가가 보유하는 대외외화자산의 총합을 의미. 주로 외화채권, 외화예금, 금 등에 투자

워크아웃 기업구조조정촉진법에 의거 은행 등 채권단 중심으로 채권 채무를 동결시켜 주고 대상기업의 정상화를 촉진하는 방안(법정관리에 비해 강제성 낮음.)

원천징수 특정의 소득지급자는 그 소득을 지급할 때에 지급받는 자가 부담할 세액을 일정한 기간 내에 국가를 대신해 징수하여 국가에 납부하도록 하는 것. (출처: 시사경제용어사전)

위험자산 미래에 수익률이 정해져 있지 않는 자산을 의미. 주식이나 원자재는 물론이고, 부도위험을 지니고 있는 회사채 역시 위험자산에 속함.

유동성 자산이 현금으로 손쉽게 전환될 수 있는 정도. 어떤 자산의 유동성이 높다함은 해당 자산의 보유자가 자산을 팔아 현금화하고자 할 때 손쉽게 이를 실행할 수 있음을 의미

유통물 이미 발행되어 채권 시장에서 유통되고 있는 채권

유효이자율 복리를 고려하여 계산된 이자율 만기보유 금융자산으로 분류된 채권의 경우 유효이자율은 일반적으로 매수수익률을 의미

이자소득세 이자소득에 대한 세금

이중과세 동일한 과세기간에 동일한 과세대상에 대하여 두 개의 동일 또는 유사한 조세가 부과되는 것 (출처: 두산 백과)

인플레이션 물가가 지속적으로 상승하는 현상

자국통화표시채권 발권력 있는 자국의 통화로 발행한 채권으로 일반적으로 외국통화표시 채권보다 상환력이 높음.

자본 차익 클린프라이스 기준, 채권의 만기상환 혹은 중도상환 시의 가격보다 높을 때의 그 차익분. 반대의 경우 자본차손이라고 함.

자율협약 채무자 기업이 유동성이나 과도한 채무로 사업위기 있을 경우 채권단에 요청하여 채권자 전원의 동의를 전제로 채권의 내용을 변경하는 협약

장기금리 국내에서는 1년 이상의 금리를 장기금리라고 정의하기도 하지만, 채권시장과 영미권에서는 일반적으로 만기 10년 이상의 채권 금리를 장기금리라고 지칭

장기채권 분리과세제도 소득세법 제 129조 1항 제3호에 의거하여 발행만기 10년 이상의 채권을 3년 이상 보유한 이후에 발생하는 소득에 대해서는 이자와 할인액에 대해 33%(지방소득세 포함)를 과세하고 종합소득과세표준에 합산하지 않는 분리과세를 선택할 수 있게 함.

장부가평가 자산의 장부상의 가격. 시장에서의 가치가 제대로 반영되어 있지 않은 경우가 많음.

재할인율정책 중앙은행이 시중은행이 할인해준 기업어음을 다시 할인해줄 때 적용되는 할인율(재할인율)을 조정함으로써 시중의 통화량을 줄이거나 늘리는 금융정책수단을 통칭하는 말

전단채 전자단기사채의 줄임

전매제한 일정기간 동안 타인에게 상속 이외의 방법으로 매매 · 증여 및 그 밖의 권리 변동을 수반하는 일체의 행위를 제한하는 것

전자공시시스템 상장법인 등이 공시서류를 인터넷으로 제출하면 투자자 등 이용자는 제출 즉시 인터넷을 통해 조회할 수 있도록 하는 종합적 기업공시 시스템

전자단기사채 종이로 된 실물없이 '전자' 방식으로 발행 및 유통되는 만기 1년 미만의 단기 금융상품으로, 기존의 단기금융시장에 대부분을 차지하던 기업어음(CP)이 가진 단점들을 보완하기 위해 2013년 1월에 도입

정량적 · 정성적 방법 정량적 방법: 재무비율과 같이 수치화할 수 있는 지표들을 기준으로 점수를 매겨 해당 채권의 등급을 부여하는 방식, 정성적 방법: 정부, 계열사의 지원 가능성 등의 수치화할 수 없는 요소들을 감안하여 채권의 등급을 부여하는 방식

제로쿠폰 표면금리가 0%, 즉 채권을 보유하고 있는 동안에 발생하는 이자수익이 전혀 없음을 의미

조달금리 금융기관 내부의 기준금리를 의미. 증권사의 경우 Call금리, RP금리 등을 이용

종합소득과세 법이 정하는 기간 내에 각자에게 귀속된 일체의 소득을 종합하여 그 소득금액을 하나의 과세표준으로하여 소득세를 과세하는 방법. (출처: 회계세무 용어사전)

준조세 경제주체가 세금 외에 부담하는 각종 공과금이나 정부에 의해 의도된 손해가 세금(조세)처럼 해석될 수 있는 경우에 이를 '준조세'라고 함.

지급준비율정책 중앙은행이 시중의 통화량을 원하는 방향으로 유도하기 위하여 시중은행에 지급준비제도에 의해 강제되는 지급준비금의 비율을 조정하는 정책

지방도시공사 지역의 발전과 시/도민의 삶의 질을 향상시키기 위한 목적으로 지방공기업법에 의거하여 지방자치단체에서 전액 출자하여 설립된 공기업. 지방자치단체와는 달리 '지방정부에서 출자한 기업'에 속하므로 부도위험을 가짐.

지불유예(Moratorium) 국가 등의 기관이 채무에 대해서 상환을 연기하는 것

지역개발채권(지방채) 서울을 제외한 지방자치단체가 지방재정법에 근거하여 해당지역의 교통, 교육, 수도사업 등에 필요한 재원을 조달하기 위해 발행하는 채권. (출처: 매일경제용어사전)

지표물 국채 지표물이란 특정한 만기에서 가장 최근에 발행된 국채들. 이들은 채권시장에서 각 만기별 시장금리의 '기준'이 됨.

채무불이행 채권의 발행자가 이자나 원리금을 최초의 발행조건대로 상환하지 못하는 상황을 의미. 디폴트(Default)라고도 함.

채무재조정 채무자의 채권변제 능력이 떨어져서 대출자에게 지급하기로 한 채무를 조정하는 것. 만기연장, 채무면제, 금리인하, 출자전환 등의 방법이 있음.

청산 채권을 갚을 능력이 없고 사업이익을 기대할 수 없을 경우 사업체를 해산시키고, 모든 자산을 처분해 채무관계에 따라 잉여금을 분배하고 종결시키는 행위

출자전환 채무자의 채무가 과도하여 부채를 채무기업의 자본인 주식으로 전환시켜 채권액을 줄여주는 방법

캐시카우(Cash Cow) 지속적으로 이익을 발생시켜 기업으로 현금이 들어오게하는 상품 또는 사업을 의미

크레딧 애널리스트 국채와 회사채, 여전채, 은행채 등의 채권에 대한 의견을 내는 애널리스트

크레딧스프레드 Credit Spread, 채무불이행 위험을 갖는 회사채와 동일한 잔여만기를 가진 안전자산인 국고채와의 금리 차이를 의미, 회사채의 등급, 잔여만기, 개별 회사채의 유동성 등 기타 위험에 따라서 크레딧 스프레드의 정도(크고 작음)가 결정됨.

클린프라이스 일반적인 채권 가격으로 액면가격에 채권의 가치 변화인 자본차손익만을 더한 가격다. 즉, 더티프라이스에서 경과이자분을 제거한 채권의 실질 가격

통안채 통화안정증권의 약자. 한국은행에서 시중의 통화량을 조절하기 위해 통화안정증권법에 의거하여 발행하는 금융채

통화정책 한 나라에서 화폐(법정화폐 및 본원통화)의 독점적 발행권을 지닌 중앙은행이 경제 내에 유통되는 화폐(통화, 본원통화 및 파생통화)의 양이나 가격(금리)에 영향을 미치고 이를 통해 화폐의 가치, 즉 물가를 안정시키고 지속가능한 경제성장을 이루어 나가려는 일련의 정책. (출처: 한국은행 홈페이지)

파산 발행한 채권을 갚을 능력이 없어서 채무자가 파산시점을 기준으로 모든 채권자들에게 채권비율대로 변제하는 절차

표면금리 채권의 액면가액에 대한 연간 이자지급률. 쿠폰금리, 표면이자율도 같은 의미

표준투자권유준칙 "개인투자자가 금융투자상품에 가입하기 전 금융상품판매사는 개인투자자로부터 투자경험, 재산상황 등에 대한 정보를 제공받은 뒤 투자자의 투자성향에 적합한 상품을 권유해야 한다. 표준투자권유준칙은 이를 포함한 금융투자사들의 판매절차 등을 규정한 것이다. (출처: 한경 경제용어사전)"

한국은행 한국은행법을 근거로 하여 설립된 한국의 중앙은행이다. 화폐를 발행하고 유통시키며, 기준금리의 조정, 공개시장조작 등 통화정책을 통해 시중의 통화량을 조절하고 물가를 관리한다. 그 외 외환보유액 관리, 지급결제업무, 국제협력업무, 조사통계업무 등 한국 경제에 있어 매우 중요한 역할들을 맡고 있다.

현금변제 채권자에게 채무를 재조정 받을 때 채무의 일정부분을 현금상환계획에 따라 채무자가 채권자에게 현금을 지급하는 방법

호가제공 의무 장내 시장에서 매수/매도 양방향 호가를 제시하여 유동성을 제고하는 의무

환매조건부증권 금융기관이 일정기간 후에 다시 사는 조건으로 발행한 채권. 중앙은행이 시중은행을 통해 이 증권을 매도 또는 매입하며 시중의 통화량을 조절.

환헤지 환율이 오르거나 내리면서 이익이나 손실이 날 변동 가능성을 환선물이나 기타 방법으로 없애는 행위

찾아 보기

INDEX

ㅈ

ㅊ

ㅋ

ㅌ

ㅍ

ㅎ

참고 누리집

- Bank for International Settlements(https://www.bis.org)
- International Monetary Fund(https://www.imf.org)
- KB증권(https://www.kbsec.com)
- NICE신용평가(https://www.nicerating.com/main.do)
- 교보증권(https://www.iprovest.com)
- 국채시장 홈페이지(https://ktb.moef.go.kr)
- 금융투자협회 https://www.kofia.or.kr
- 기획재정부(https://www.moef.go.kr)
- 미래에셋증권(https://securities.miraeasset.com/)
- 삼성증권(www.samsungpop.com)
- 서울신용평가(http://www.scri.co.kr)
- 신한증권(https://www.shinhansec.com)
- 전자공시시스템(https://dart.fss.or.kr)
- 한국거래소(https://www.krx.co.kr)
- 한국기업평가(https://www.korearatings.com)
- 한국신용평가(https://www.kisrating.com)
- 한국은행(https://www.bok.or.kr)
- 한국주택금융공사(https://www.hf.go.kr)

본 도서에서 소개하는 투자상품은 독자의 이해를 돕기위한 저자들의 의견으로 소속회사의 추천상품과는 무관함을 밝힙니다 채권투자자의 필독서 !

채권투자의 비밀 2

2024년 5월 1일 초판 인쇄
2024년 5월 6일 초판 발행

저 자 박성규·손진홍·양철욱·조경신

발행인 주병오／주민기

발행처 (주)지구문화
JIGU CULTURE Co.Ltd

주 소 경기도 파주시 회동길 209
파주출판도시

영업팀 (031) 955－7566 · 7577

편집디자인팀 (031) 955－7731

F A X (031) 955－7730

홈페이지 www.ji-gu.co.kr

전자우편 jigupub@hanmail.net

등록번호 1979년 7월 13일 제 9－57호

ISBN 978－89－7006－427－7 값 22,000원

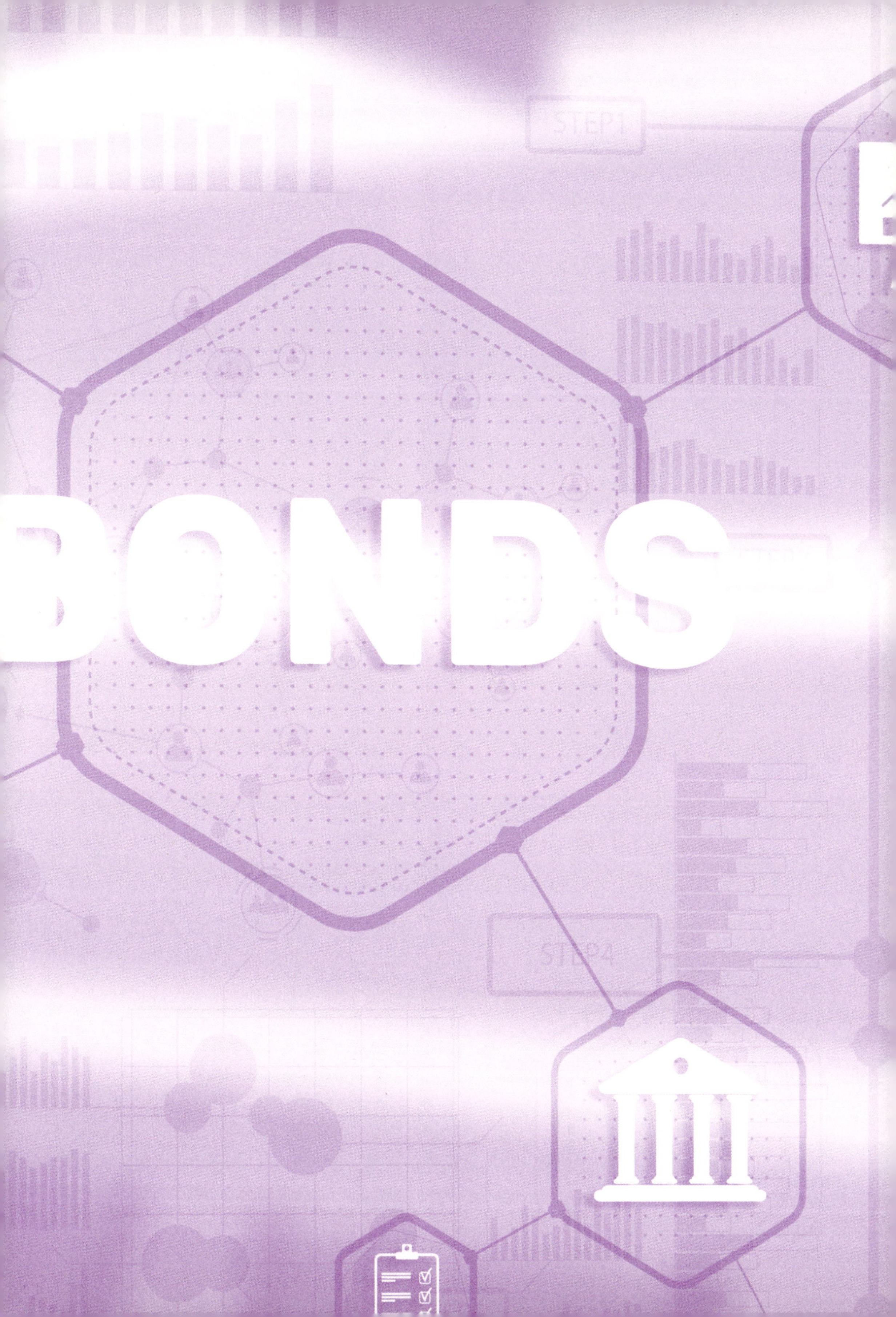
STEP1
BONDS
STEP4